本研究受国家社科基金项目
"基于大数据分析的城市病分类识别与预警优化系统构建研究"支持
项目号：19BJL046

中国城市绿色发展研究
RESEARCH ON GREEN DEVELOPMENT
OF CHINESE CITIES

中国省域践行"双碳"目标与推进生态文明发展研究报告

宋涛　王诺◎著

经济日报出版社

图书在版编目（CIP）数据

中国省域践行"双碳"目标与推进生态文明发展研究报告/宋涛，王诺著.—北京：经济日报出版社，2023.10

ISBN 978-7-5196-1307-5

Ⅰ.①中… Ⅱ.①宋…②王… Ⅲ.①中国经济-低碳经济-研究报告 Ⅳ.①F124.5

中国国家版本馆 CIP 数据核字（2023）第 054008 号

中国省域践行"双碳"目标与推进生态文明发展研究报告
ZHONGGUO SHENGYU JIANXING "SHUANGTAN" MUBIAO YU TUIJIN SHENGTAI WENMING FAZHAN YANJIU BAOGAO

宋　涛　王　诺　著

出　　版：	经济日报出版社
地　　址：	北京市西城区白纸坊东街 2 号院 6 号楼 710（邮编 100054）
经　　销：	全国新华书店
印　　刷：	北京虎彩文化传播有限公司
开　　本：	710mm×1000mm　1/16
印　　张：	10.5
字　　数：	146 千字
版　　次：	2023 年 10 月第 1 版
印　　次：	2023 年 10 月第 1 次印刷
定　　价：	58.00 元

本社网址：edpbook.com.cn　　　　　微信公众号：经济日报出版社
未经许可，不得以任何方式复制或抄袭本书的部分或全部内容，**版权所有，侵权必究**。
举报电话：010-63567684
本书如有印装质量问题，请与本社总编室联系，联系电话：010-63567684

作者简介

宋 涛

男，经济学博士，北京师范大学副教授，亚洲理工学院访问学者，北京市优秀人才。现任城市绿色发展科技战略研究北京市重点实验室副主任。研究方向：绿色发展与生态文明、城市经济与区域可持续发展、"城市病"、宏观经济研究。

近五年来，宋涛主持了国家社科基金项目等研究课题 10 余项，参加了包括国家社科基金重大项目、国家自然科学基金重点项目、国家发展改革委委托项目、中央组织部委托项目、国家统计局委托重点项目、生态环境部委托项目、国务院扶贫办委托项目、北京市科委委托专项课题等在内的各类课题 30 余项，承接地方规划研究近 10 项。在核心期刊上发表论文 10 余篇，出版著作 3 部，参著或参编著作 10 余部。获批国家软件著作权 1 项，获批国家专利 1 项。参与的著作曾获第二届中国软科学奖、北京市第十二届、第十四届哲学社会科学优秀成果二等奖、中国生产力发展重要理论成果奖等。

王 诺

中国社会科学院经济学博士，北京师范大学经济与资源管理研究院副教授，澳门科技大学澳门中药资源经济研究所执行所长，研究员。研究领域为宏观经济学、卫生经济学（药物经济学）、资源经济学等。

先后毕业于东北财经大学金融学院，获学士学位；中国人民大学财政金融学院，获硕士学位；中国社会科学院研究生院，获经济学博士学位。受聘北京师范大学老年脑健康研究中心"老年认知障碍养老模式研究室"主任、中国老年保健医学研究会抗衰老研究分会常委、中医科学院研究生院"中药资源经济管理高级研究班"授课专家；担任世界中联中药上市后再评价专业委员会"药物经济学专家组"委员。先后出版著作《中药资源经济学研究》《机遇还是挑战：中国积极老龄化道路》《中国中药资源发展报告2015》《中国中药资源发展报告2016》《生物遗传资源进出境报告》《基于"两山论"的中国经济社会可持续发展评价2019—2020》等，发表数十篇学术论文。近年来关注于中医药与经济学的交叉研究，围绕中药材价格、中药材规格等级、《药典标准》问题、中药干预的效果评价、供需市场分析、中药上市后药物经济学评价技术规范等方面，用经济学视角、方法和数据来讨论中药资源问题。

编写单位

北京师范大学经济与资源管理研究院

课题组负责人

宋 涛　王 诺

课题组及编写组成员

赵钰祥　王二丹　邹鑫玲　张婷玉　李斐琳
卢 旭　张丹阳　方 晗　王鹏燕　王 雨
刘 锦　杜 帅　江妤婕　白 平

该报告的所有章节和所包含的研究成果均在北京师范大学经济与资源管理研究院王诺副教授和宋涛副教授的指导下完成。其中，第一章、第六章、第七章至第九章由宋涛副教授指导完成，第二章至第五章由王诺副教授和宋涛副教授联合指导完成。

各章主要执笔人

章　节	撰稿人
第一章	张丹阳、邹鑫玲
第二章	赵钰祥、杜帅
第三章	王二丹
第四章	张婷玉、赵钰祥、江妤婕
第五章	李斐琳、白平
第六章	卢旭
第七章	王鹏燕
第八章	王雨
第九章	方晗

目 录

第一篇 中国省域践行"双碳"目标评价研究

第一章 生产侧与消费侧双视角下的中国碳达峰实现路径模拟预测 …… 3
第二章 基于土地利用碳汇的中国净碳排放账户核算及碳中和实现
路径研究 …… 23
第三章 中国省域间隐含碳转移测算与碳补偿研究 …… 47

第二篇 中国省域推进生态文明发展研究

第四章 中国生态压力情况评估 …… 75
第五章 中国省际生态文明践行效果评价生态文明建设评价
指标体系 …… 91

第三篇 中国城市可持续发展研究

第六章 东北地区产业趋同对城市可持续发展影响
——基于33个地级市空间面板模型分析 …… 111

第四篇 案例研究

第七章 生态文明示范县典型案例 ·················· 129

第八章 "双碳"目标示范城市典型案例 ·················· 140

第九章 资源型城市生态修复典型案例 ·················· 147

后记 ·················· 155

第一篇
中国省域践行"双碳"目标评价研究

2020年9月22日,中国政府在第七十五届联合国大会上提出:"中国将提高国家自主贡献力度,采取更加有力的政策和措施,CO_2排放力争于2030年前达到峰值,努力争取2060年前实现碳中和。"围绕实现这一目标和愿景,社会各界积极贡献思路方案。

本篇首先研究中国碳达峰实现路径。从生产侧与消费侧双视角出发,采用SRIO模型、IPCC部门法分别测算中国消费侧能耗与生产侧能耗,再结合LEAP模型,在当前政策情景、碳约束情景、可持续发展情景下分别预测中国2020—2050年的生产侧与消费侧碳排放量以及达峰时间和峰值。

其次,碳中和是碳达峰之后的新阶段,也是低碳发展所追求的关键阶段。在实现碳中和的路径中,生态系统碳汇的作用必不可少。通过构建LEAP-China模型计算2019—2060年各年的碳排放量,再通过查阅相关文献计算出2012年、2017年、2019年、2028年以及2060年五个代表性年份的生态系统碳汇量,从而核算出上述五个关键年份的中国净碳排放账户,并定量分析中国碳中和的实现路径。

最后,在实现"双碳"目标中,省际隐含碳转移的存在可能不仅导致整体上没有实现碳减排,反而会加剧省际碳减排权责界定的不公平、低效率和高成本。采用多区域投入产出模型,对中国2017年30个省(区、市)29个行业的隐含碳转移进行测算,据此分析我国省域间隐含碳转移的具体量值与空间分布格局,厘清我国碳减排格局;并且结合全国碳市场的碳价,核算了省际间的碳补偿金额;为各省域制定碳减排政策,省域间碳补偿提供可行性建议,对于"双碳"目标的实现具有重要的意义。

第一章

生产侧与消费侧双视角下的中国碳达峰实现路径模拟预测

改革开放后,中国经济持续腾飞,创造了举世瞩目的中国奇迹。2021年,中国GDP总量超过114.9万亿元,是仅次于美国的世界第二大经济体,同时也是全球唯一一个拥有超过10亿人口且人均GDP还能过万美元的国家。2020年,在全球遭遇新冠疫情席卷的情况下,中国成为全球主要经济体中唯一经济增长率为正的国家。但是与此同时,中国也早已成为全球最大的碳排放国家,据统计,2021年我国碳排放量达到119亿吨,占全球碳排放量比重的33%。为了实现全球可持续发展,积极应对以后的变化,中国节能减排刻不容缓。

实际上早在2016年,中国就已在《巴黎协定》上签字。该协议旨在大幅降低全球温室气体排放,到2100年,把全球气温上升控制在2℃内,并努力实现把温度升幅限定在1.5℃内的目标。在2014年,中美联合发表的《气候变化联合声明》中,中国提出到2030年左右CO_2排放达到峰值并且将努力实现早日达峰。毫无疑问,这将对中国经济发展和居民生活产生重大影响,标志着我国发展方式的转型。在该背景下,以中国实现碳排放达到峰值的宏观目标为依托,开展碳排放达峰路径预测,对我国2030年碳达峰目标的实现具有重大现实意义。碳排放达峰预测也得到了学术界的广泛关注。

数据显示,中国的CO_2排放90%来自化石燃料。从一定程度上来说,化石能源消耗达峰,中国即可实现碳排放达峰。但是中国能源需求和碳排放增长不单是国内经济增长、需求上升带来的,也有一部分是国外需求导致[1-4]①。国际贸易是影响一国 CO_2 排放的重要原因。通过国际贸易,一个国家可以在一定程度上将其国内的生产与消费行为与碳排放进行分离。自中国加入 WTO 以来,进出口贸易常年大量顺差,已有文献表明[1,2,5-7],中国的净出口贸易中含有大量的隐含碳转移,因此在考虑中国 CO_2 排放问题上有必要引入国际贸易隐含碳的问题。

一、文献综述

(一) 中国碳达峰预测研究综述

中国碳达峰预测问题,从 2014 年中美联合发表《气候变化联合声明》后,便成为相关领域研究的重点。Zhao 等[8]运用 STIRPAT 模型,并建立了三种情景,从省域的角度上分析了中国 30 个省份到 2040 年 HCEs 的轨迹和峰值时间。结果表明有 5 个省份在任何情景下都不能实现在 2030 年 HCEs 达峰;Wang 等[9]运用基于蝠鲼觅食优化(MRFO)的极端学习机(ELM)预测模型及情景设置的方式,来预测中国交通运输 CO_2 排放峰值情况。结果表明在基准模型情景下,中国交通运输 CO_2 排放将在 2039 年达到峰值,而在可持续发展模式和高增长模式下,中国交通运输 CO_2 排放将分别在 2035 年和 2043 年达到峰值;Xu[10]基于能源消费对 CO_2 排放进行了预测,结果表明在低碳能源结构情景下,中国将在 2025 年达峰,峰值为 10.37 亿吨;Xu 等[11]采用动态非线性人工神经网络——非线性自回归模型(NARX)预测中国 CO_2 排放问题,构建三种情景,结果表明中国 CO_2 排放量将在 2029 年至 2035 年达到峰值,为 100.8 亿~116.3 亿吨;Su 等[12]建立中国碳排放路径的成本效益评估模型,结果表明中国的碳价格和碳减排投资可能需要超过 32.5 美元每吨二氧化碳当量和 5737 万美元/年

---

① 参考文献序号指本章后的文献序号。下同。

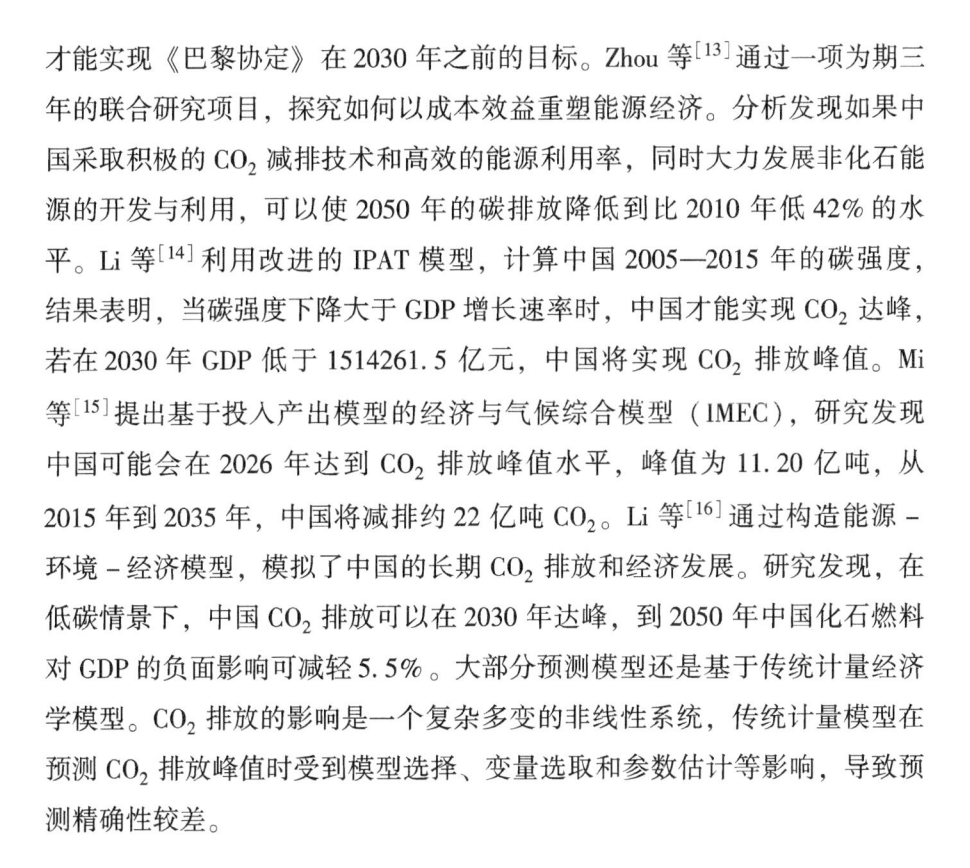

才能实现《巴黎协定》在 2030 年之前的目标。Zhou 等[13]通过一项为期三年的联合研究项目，探究如何以成本效益重塑能源经济。分析发现如果中国采取积极的 CO_2 减排技术和高效的能源利用率，同时大力发展非化石能源的开发与利用，可以使 2050 年的碳排放降低到比 2010 年低 42% 的水平。Li 等[14]利用改进的 IPAT 模型，计算中国 2005—2015 年的碳强度，结果表明，当碳强度下降大于 GDP 增长速率时，中国才能实现 CO_2 达峰，若在 2030 年 GDP 低于 1514261.5 亿元，中国将实现 CO_2 排放峰值。Mi 等[15]提出基于投入产出模型的经济与气候综合模型（IMEC），研究发现中国可能会在 2026 年达到 CO_2 排放峰值水平，峰值为 11.20 亿吨，从 2015 年到 2035 年，中国将减排约 22 亿吨 CO_2。Li 等[16]通过构造能源 - 环境 - 经济模型，模拟了中国的长期 CO_2 排放和经济发展。研究发现，在低碳情景下，中国 CO_2 排放可以在 2030 年达峰，到 2050 年中国化石燃料对 GDP 的负面影响可减轻 5.5%。大部分预测模型还是基于传统计量经济学模型。CO_2 排放的影响是一个复杂多变的非线性系统，传统计量模型在预测 CO_2 排放峰值时受到模型选择、变量选取和参数估计等影响，导致预测精确性较差。

（二）国际贸易隐含碳转移文献综述

自 20 世纪 90 年代以来，出现了大量对国际贸易中的隐含碳（Embodied Carbon）进行研究的相关文献。而从近几年的研究成果来看，几乎所有研究都表明国际贸易中隐含了大量的碳排放。而且发达国家是隐含碳的净进口国。Xu 等[3]从消费的角度量化了中国大陆与其贸易伙伴之间的碳转移，并确定了生产到消费的转移路径。结果显示：2015 年中国有 1.25 亿吨的净碳转移，中国允许的峰值前碳增量份额将从 30% 增加到 51%；Kim 等[17]运用多区域投入产出法，计算中巴贸易的 CO_2 排放量和附加值。研究发现，2000—2014 年，中国和巴西的出口所体现的 CO_2 排放量和附加值大幅增加，同时结构分析表明，中国和巴西的消费变化以及中国对巴西的中间产品出口结构变化是隐含 CO_2 排放增加的重要来源；Wang 等[2]运用全球贸易分析项目数据库中的数据,分析了全球140个国家/地区的中间碳排放。结果表明,中国排放的净流入源于中国与发达地区之间的贸易过程。同时中国排放的净流出目的地主要是拉丁美洲、南亚和撒哈拉以南非洲;Zhang等[6]基于多区域投入产出模型,探讨了金砖国家的隐含能源使用。结果表明,中国从金砖国家进口的单位增加值内含能源和CO_2相对高于非金砖国家,而向金砖其他经济体出口的内含能源和单位增加值CO_2则低于非金砖国家;Jiang等[1]采用改进多区域投入产出(MRIO)表,计算了2007年全球国际贸易中的CO_2净排放转移。研究表明,如果加工出口没有得到适当区分,中国向其他地区的CO_2净排放量将会被扭曲,相对偏差会达到15%;Pan等[5]以消费而非生产为基础,估算了中国2006年的碳排放量。结果表明,以此方法可以将2006年的CO_2排放责任从5500百万吨降低到3840百万吨,因此在分配减排责任时,应特别关注贸易中的碳转移量;Weber等[7]通过研究分析,发现2005年中国约1/3的碳排放量来自出口生产,发达国家的消费可能使得这一趋势增加,因此有理由让发达国家对中国出口碳排放负责,必须精心设计减排责任以达成政治共识和公平。

(三)文献总结

综上所述,目前有大量文献证明国际贸易中含有隐含碳,中国是一个隐含碳净转出国,从消费者责任角度出发,中国为了满足自身消费而产生的CO_2,实际低于公布的CO_2排放量。同时现有研究中国碳达峰的文献,大多是从生产侧考虑,鲜有考虑国际贸易隐含碳因素。因此,本文结合相关文献,从生产侧和消费侧两端出发来研究中国碳达峰路径及达到峰值问题,这对于中国当前贸易政策的制定具有现实意义。

二、研究方法与数据

本研究构建的基于生产侧和消费侧的能耗核算和CO_2排放综合分析预

测模型，主要包括生产侧能源核算、消费侧能源核算模型，以及从生产侧、消费侧两端出发，结合LEAP模型和中国社会经济状况所构建的能源及CO_2排放综合预测模型（LEAP-China生产侧模型、LEAP-China消费侧模型）。

（一）生产侧能耗及碳排放核算

根据《联合国气候变化框架公约》和《京都议定书》所确立的减排框架，生产侧能耗/碳排放，是以"生产者责任"或者"地理边界"为原则来进行核算的。在该核算方式下，一国的生产活动（无论是为满足本国需求还是外国需求最终生产）所消耗的能源或者碳排放，只要发生地在本国，就应算作本国的能耗和碳排放。

本文的生产侧能耗和碳排放核算主要采用IPCC于2006年制定的IPCC部门法。IPCC部门法是根据不同部门能源消费量核算其CO_2排放量，加总后获得国家整体CO_2排放量。对于中国的生产侧能耗，不仅包括产业部门和生活部门实际消耗的能源，也包括加工转化部门实际消耗的能源。

产业部门或生活部门的能源需求量为：

$$SD_t = \sum_i AL_{ti} \times EL_{ti} \quad (1)$$

式中，SD_t为t部门的终端能源需求量；AL_{ti}为t部门i子部门活动水平；EL_{ti}为对应的单位活动水平能源消费量，即能源强度。

因此产业部门或者生活部门CO_2排放量为：

$$SE_t = \sum_i \sum_k SD_{tik} \times EF_{tik} \quad (2)$$

式中，SE_t为终端消费部门t的CO_2排放量；SD_{tik}为t部门i子部门的k品种能源消费量，EF_{tik}为对应能源消费量的碳排放因子。

而对于加工转化部门：

$$TM_S = \sum_k L_{sk} \times EF_{sk} \quad (3)$$

式中，TM_S为加工转换部门s的CO_2排放量；L_{sk}为部门s的k品种能源投入量；EF_{sk}为对应能源消费量的碳排放因子。

则能源利用相关CO_2排放总量TE为：

$$TE = \sum_t SE_t + \sum_s TM_s \qquad (4)$$

（二）消费侧能耗及碳排放核算

消费侧能耗/排放（Consumption – based Energy/Emissions）不同于生产侧采用生产地原则，顾名思义，消费侧能耗排放是计算一国满足自身需求导致的能源消耗和碳排放，不管这个需求是发生在国内还是国外[18-20]。该计算方法考虑到了贸易中隐含碳的问题，对于中国等贸易顺差国在减排责任分担中更为有利。有关贸易含碳量的研究，大多都是基于投入产出模型，该模型能有效地将碳排放和进出口问题结合起来。投入产出模型又分单区域投入–产出模型（SRIO）、双边投入–产出模型（BTIO）、多区域投入–产出模型（MRIO）。基于本文研究重点，中国消费侧能耗采取单区域投入–产出模型计算，因为该模型更适合研究贸易对单个地区的碳排放影响。

SRIO模型研究贸易隐含能源和碳排放，将其他国家看作一个整体，不区分中间产品来源地，采取国内外同技术假设的原则。基于SRIO模型评估消费侧能源消耗，学者一般用生产侧能耗加上进口隐含能源，再减去出口隐含能源即可得到。

假设世界上包含n个国家，每个国家有K个部门，则n国生产的贸易系统可以写成如下的分块矩阵：

$$X = AX + Y \qquad (5)$$

式中，X为总产出矩阵；X_{ir}为i国直接或间接满足r国需求的部门产出矩阵，则向量$X_i = \sum_r X_i r$为i国的总产出；A为中间投入系数矩阵；A_{ii}为i国单位产出对i国中间产品的需求矩阵；A_{ir}为r国单位产出对i国中间产品的需求矩阵，Y为最终需求矩阵，Y_{ii}为i国对i国产品的最终需求矩阵；Y_{ir}为r国对i国产品的最终需求矩阵，则向量$Y_i = \sum_r Y_i r$为i国对最终产品的总需求。

国家 1 的出口能源矩阵 EEE 和进口能源矩阵 EEI 可表示为：

$$EEE_1 = F_1 L_{11} \sum_{i \neq 1} E_{1i} = F_1 L_{11} \sum_{i \neq 1} (Y_{1i} + A_{1i} X_i) \tag{6}$$

$$EEI_1 = F_1 L_{11} \sum_{i \neq 1} E_{i1} = F_1 L_{11} \sum_{i \neq 1} (Y_{i1} + A_{i1} X_1) \tag{7}$$

式中，F_1 为国家 1 的能源强度，L_{11} 为国家 1 的里昂惕夫矩阵 $L_{11} = (I - A_{11})^{-1}$，$A_{11}$ 为国家 1 单位产出对该国中间产品的需求矩阵。

消费侧能耗矩阵：

$$EC_1 = TS_1 - EEE_1 + EEI_1 \tag{8}$$

消费侧 CO_2 排放：

$$TDE_1 = \sum_k EC_{1k} \times EF_{1k} \tag{9}$$

（三）基于 LEAP 的 CO_2 排放预测模型

基准期均为 2019 年，预测期为 2020—2050 年。根据中国能源平衡表，将中国能源消费部门分为：第一产业（农、林、牧、渔、水利业），第二产业（工业、建筑业），第三产业（交通运输、仓储及邮电通信业、批发和零售贸易餐饮业、其他）和生活消费。同时将能源种类划分为煤炭、石油、天然气和非化石能源四大类。将中国的能源加工转换部门分为火力发电、炼油、炼焦、供热、制气等子模块。

由已有文献[21-24]可知，影响中国长期能源需求量和 CO_2 排放的驱动因素众多，主要可分为宏观经济因素和政策因素两部分。此外，根据上述 LEAP-China 模型的研究框架以及情景设置的需要，本文选取以下几个驱动因素为模型的主要驱动因素，即碳排放系数、能源消费结构（即不同种类能源消费占比）、能源强度、产业结构、GDP、城市化水平（即城镇人口所占比例）和人口规模。

终端消费部门又可分为产业部门和生活部门，考虑以上驱动因素后，产业部门 CO_2 排放预测模型为：

$$C_{1t} = \sum_i \sum_j C_{ijt} = \sum_i \sum_j \left(\frac{C_{ijt}}{E_{ijt}} \times \frac{E_{ijt}}{E_{it}} \times \frac{E_{it}}{Y_{it}} \times \frac{Y_{it}}{Y_t} \times Y_t \right)$$

$$= \sum_i \sum_j CI_{ijt} \times ETS_{ijt} \times EI_{it} \times ES_{it} \times Y_t \qquad (10)$$

式中，i、j 和 t 分别表示产业、能源种类和时间，C_{1t} 表示第 t 产业部门的 CO_2 排放总量，C_{ijt} 表示第 t 年 i 产业第 j 种燃料所产生 CO_2 排放量，E_{ijt} 表示第 t 年 i 产业第 j 种燃料的消费量，E_{it} 表示第 t 年第 i 产业的能源消费总量，Y_{it} 表示第 t 年 i 产业的工业生产增加值，Y_t 表示第 t 年中国生产总值，即 GDP；另外，CI_{ijt} 表示第 t 年第 i 产业第 j 种燃料的碳排放系数，ETS_{ijt} 表示第 i 产业第 j 种燃料的能源消费比例，EI_{it} 表示第 i 产业的生产侧能源强度/消费侧能源强度，ES_{it} 表示第 t 年底 i 产业生产增加值占比。

生活部门分城镇生活部门和农村生活部门，生活部门总 CO_2 预测模型为：

$$C_{2t} = \sum_u \sum_v C_{uvt} = \sum_u \sum_v CI_{uvt} \times ETS_{uvt} \times PI_{ut} \times TP_{ut} \qquad (11)$$

式中，u 表示城镇或农村生活部门，v 表示能源种类，C_{2t} 表示第 t 年生活部门的 CO_2 排放总量，C_{uvt} 表示第 t 年第 u 生活部门第 v 种燃料所产生的 CO_2 排放量，CI_{uvt} 表示第 t 年第 u 生活部门第 v 种燃料的碳排放系数，ETS_{uvt} 表示第 t 年第 u 部门第 v 种燃料的能源消费比例，PI_{ut} 表示第 t 年第 u 生活部门的人均能源强度，TP_{ut} 表示第 t 年第 u 生活部门的总人口。

LEAP-China 生产侧、LEAP-China 消费侧模型大体框架如图 1-1、图 1-2 所示。

（四）数据来源

基于数据的可得性和模拟研究需要，本研究所需基期 GDP、人口、分行业进出口额等宏观经济数据来自中国国家统计局；所需能源数据来自《中国能源平衡表》《中国能源统计年鉴》；碳排放系数来自 CEADs 数据

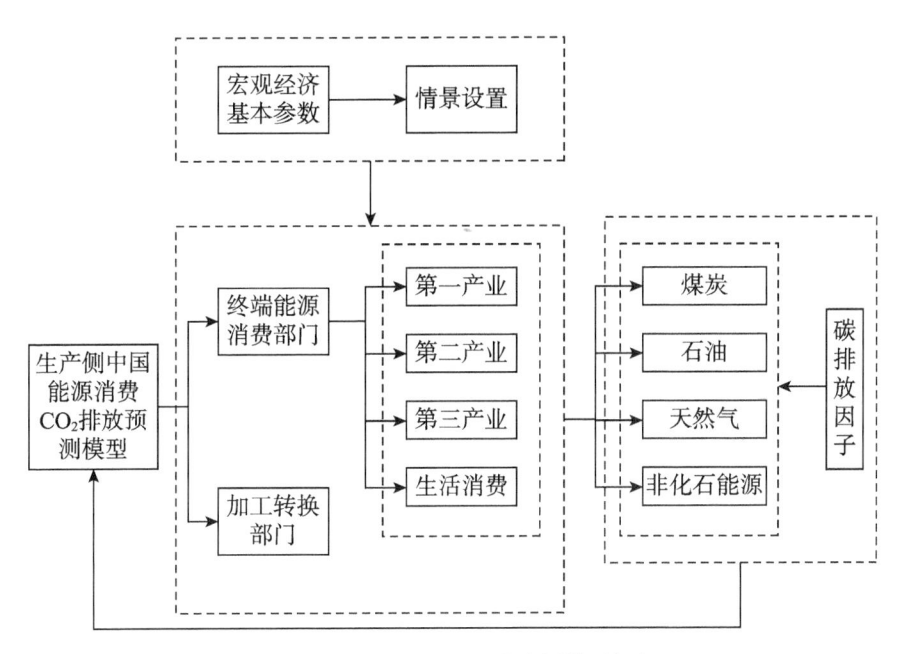

第一章　生产侧与消费侧双视角下的中国碳达峰实现路径模拟预测

图 1-1　LEAP-China 生产侧模型框架

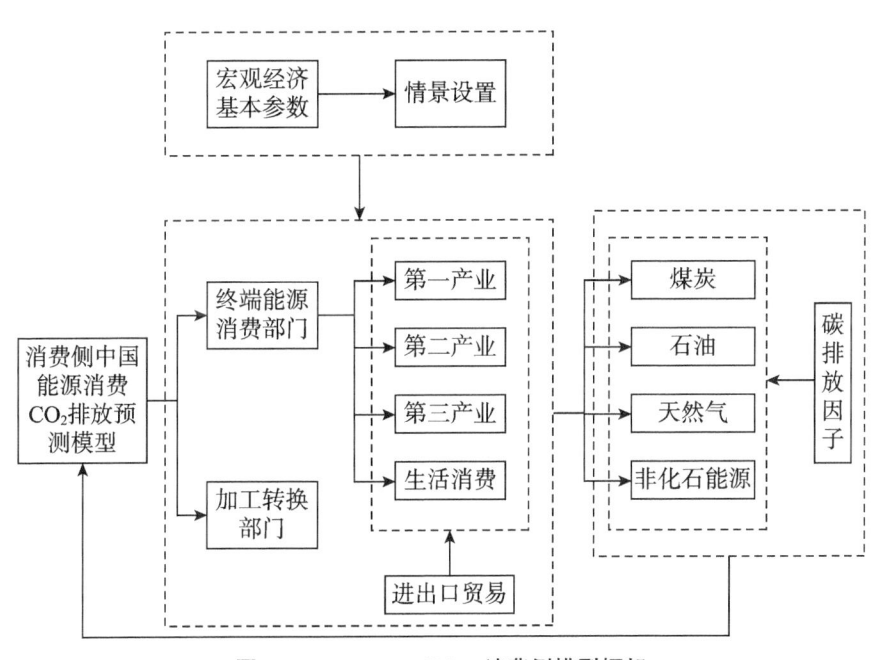

图 1-2　LEAP-China 消费侧模型框架

库；未来中国 GDP 增长率设置参考[10, 25, 26]，城镇化率设置参考中国社会科学院城市发展与环境研究所和社会科学文献出版社出版的《城市蓝皮书：中国城市发展报告 No.12》[27]以及摩根士丹利发布的蓝皮书报告《中国城市化 2.0：超级都市圈》；未来人口规模预测数据来自《人口发展规划》与《人口预测资料汇编》。参见表 1-1。

表 1-1 宏观经济关键节点未来参数设置

年份	2030	2050
GDP 平均增长率（%）	5.3	3.0
人口规模（百万）	1442	1364
城市化率（%）	70	80

三、情景及参数设置

为讨论和对比分析中国生产侧和消费侧达峰模型在不同的低碳发展路径下达到峰值的时间，以及不同的低碳发展路径对中国能源消费、碳达峰时间的影响，本文参考[13, 26, 28, 29]等相关文章，设置当前政策情景、碳约束情景、可持续发展情景三个情景。

（一）情景描述

当前政策情景：该情景延续"十三五"及其之前的政策，不考虑产业结构升级和能源结构优化，依据基准年产业部门的生产方式和终端部门的能源消费情况设置相关参数，其能源效率的提高、清洁能源发电的提升主要依赖于社会经济发展驱动。因此，该情景能够基本反映自然引导型的经济增长、能源消费和 CO_2 排放过程。

碳排放约束情景：该情景在当前政策情景的基础上，考虑《中美气候变化联合声明》《巴黎协定》作出的承诺，以及《中国应对气候变化的政策与行动》和《"十四五"控制温室气体排放工作方案》等专项方案中有望达成的能源消费和碳排放目标,并以此设定目标。

可持续发展情景:该情景是一个综合调控情景。相较于当前政策情景,该情景下的产业结构、区域结构、能效水平和能源消费结构将得到进一步优化,并要求在宏观经济政策、能源规划和气候政策等方面有重大举措[30]。因此,该情景能够基本反映综合调控作用下的经济增长、能源消费和气候变化动态演进路径。

(二) 参数设置

综上所述,本文设置的各情景中2020—2045年的关键节点参数设置如表1-2所示。

表1-2 不同情景下的参数设置

参数		基准年	当前政策情景		碳排放约束情景		可持续发展情景	
		2019年	2030年	2050年	2030年	2050年	2030年	2050年
产业结构（%）	第一产业	7.5	7.5	7.5	6	4	6	4
	第二产业	38.77	38.77	38.77	38.77	38.77	32	26
	第三产业	53.77	53.77	53.77	53.77	53.77	62	70
非化石能源消费比重（%）		15.9	15.9	15.9	25	33	30	38
清洁能源发电占比（%）		32.7	32.7	32.7	42.4	57.8	42.4	57.8
能源强度下降百分比 kj/yuan	第一产业	3.7	2	1.5	2.5	2	2.5	2
	第二产业	6.4	4	3.6	5.4	4.1	5.4	4.1
	第三产业	3.4	2	1.5	2.5	2	2.5	2
人均能耗	城镇	0.31	0.35	0.39	0.35	0.39	0.35	0.39
	农村	0.30	0.28	0.25	0.28	0.25	0.28	0.25

四、模拟结果与分析

如图1-3、图1-4所示,无论是生产侧模型还是消费侧模型,四种情景下的CO_2排放量均是先上升后下降,排放趋势均呈现倒U形。从图中可以看出,中国碳排放在不同情景下达峰时间和峰值大小都有差异,其中

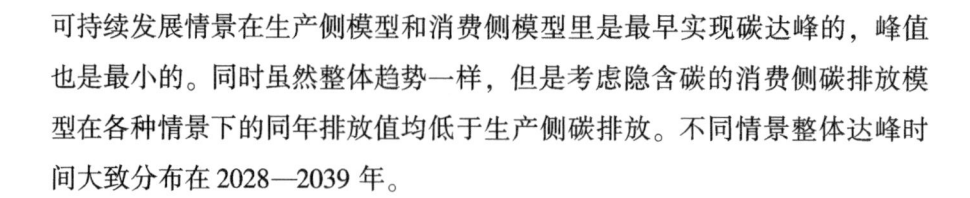

可持续发展情景在生产侧模型和消费侧模型里是最早实现碳达峰的，峰值也是最小的。同时虽然整体趋势一样，但是考虑隐含碳的消费侧碳排放模型在各种情景下的同年排放值均低于生产侧碳排放。不同情景整体达峰时间大致分布在2028—2039年。

（一）分视角碳排放趋势分析

1. 生产侧碳排放趋势分析

如图1-3所示，在不同情景下，生产侧CO_2排放量均呈现先上升后下降的趋势，在当前政策情景下生产侧的碳排放峰值为12208.3百万吨，达峰年限为2039年，在此情景下显然不能实现在2030年前达峰的要求。碳排放约束情景下，生产侧的碳排放峰值为10949.4百万吨，同比当前政策情景峰值降低10.3%，峰值年往前推3年，即为2036年，此结果表明产业结构的升级转换对峰值提前与峰值降低有显著的积极影响。在可持续发展情景下，生产侧的碳排放峰值为10462.2百万吨，达峰年为2030年，相较于碳排放约束情景，虽然碳排放峰值只降低487.2百万吨，但是达峰年却大幅提前6年，此结果表明，消费的能源转换带来的碳排放降低程度虽然没有产业结构优化带来的碳排放降低程度大，但是可以使得碳达峰年限显著提前。

2. 消费侧碳排放趋势分析

如图1-4所示，在不同情景下消费侧CO_2排放值均低于生产侧CO_2排放值。在参考情景下，考虑隐含碳的消费侧碳排放峰值为11508.7百万吨，达峰年限为2039年。消费侧碳排放峰值比生产侧碳排放峰值低5.7%，考虑到近些年中国净出口占GDP的比重，这个值在合理范围内。在碳排放约束情景下，考虑隐含碳的消费侧碳排放峰值为10378.7百万吨，峰值年也同生产侧一样为2036年，比生产侧碳排放峰值低5.2%，同比考虑隐含碳的消费侧碳排放当前政策情景峰值降低9.8%。在可持续发展情景下，考虑隐含碳的消费侧碳排放达峰年为2032年，比该情景下的生产侧碳排放达峰年晚3年，峰值为9904.3百万吨。

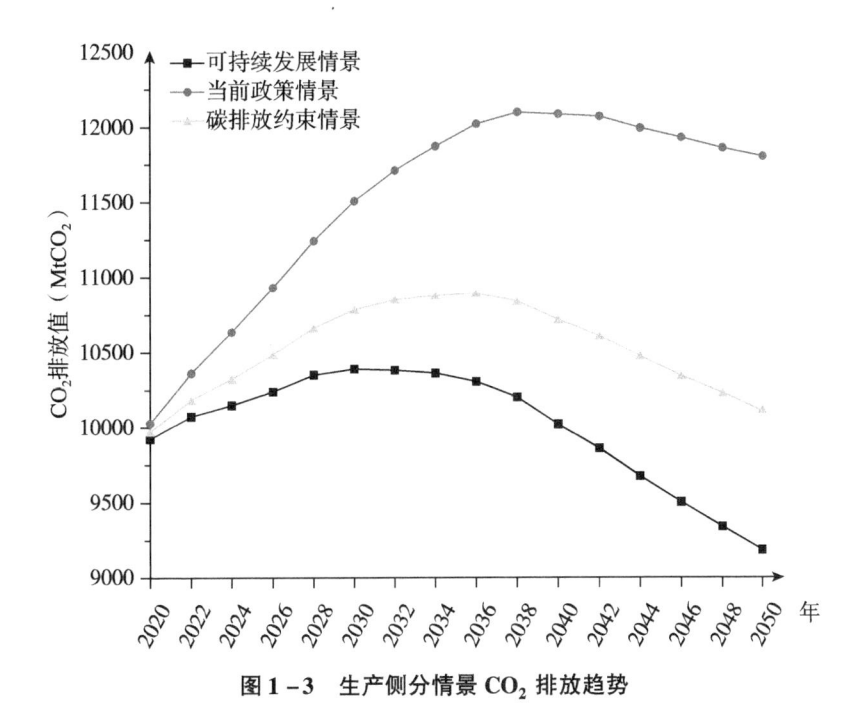

第一章 生产侧与消费侧双视角下的中国碳达峰实现路径模拟预测

图 1-3 生产侧分情景 CO_2 排放趋势

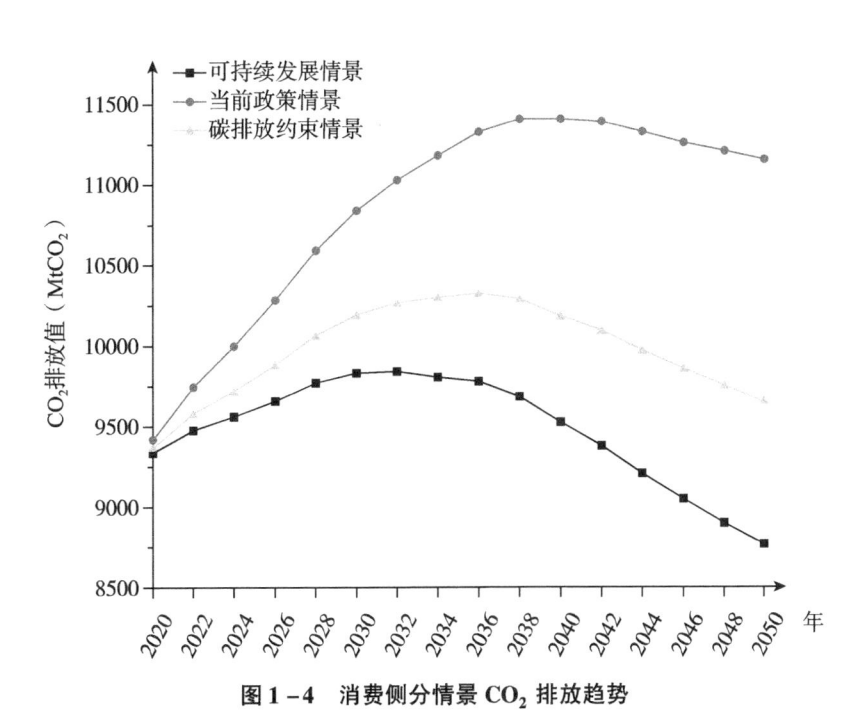

图 1-4 消费侧分情景 CO_2 排放趋势

(二) 分情景碳排放趋势分析

如表1-3所述,在当前政策情景下,无论是生产侧还是消费侧,CO_2排放值都是最高的,达峰年限也是最晚的,达峰年限在2039年,此种情景只考虑了在现有技术和政策下的情景,没有考虑到产业结构的升级与能源消费结构的转换。考虑到现有的产业结构,第二产业占比高,且能源强度大,在此种情景下,显然不能实现2030年碳排放达峰的要求;在碳排放约束情景下,生产侧和消费侧的达峰时间均比当前政策情景有所提前,峰值也有所降低,此种情景在当前政策情景下,加大了对碳排放的约束,表明能源强度的下降对峰值提前与峰值降低有显著的积极影响。

表1-3 生产侧与消费侧碳达峰时间与峰值对比

	生产侧碳达峰模型		消费侧碳达峰模型	
	达峰时间(年)	峰值(百万吨)	达峰时间(年)	峰值(百万吨)
基准情景	2039	12208.3	2039	11508.7
碳排放约束情景	2036	10949.4	2036	10378.7
可持续发展情景	2030	10462.2	2032	9904.3

可持续发展情景是未来中国最可能选择的发展模式,优化的产业结构和能源消费结构的转变使达峰年限进一步提前,峰值进一步降低。如图1-5所示,在此情景下生产侧的达峰时间为2029年,峰值为10462.2百万吨;从图1-6可得,此时第一产业CO_2排放贡献率为1.9%,第二产业CO_2排放贡献率为64.6%,第三产业CO_2排放贡献率为24.4%,生活消费CO_2排放贡献率为9.1%;从图1-5和图1-7可得出,考虑国际贸易隐含碳的生产侧的达峰时间为2032年,峰值为9904.3百万吨,此时第一产业CO_2排放贡献率为2.14%,第二产业CO_2排放贡献率为60.6%,第三产业CO_2排放贡献率为27.96%,生活消费CO_2排放贡献率为9.3%。

第一章　生产侧与消费侧双视角下的中国碳达峰实现路径模拟预测

由此可知，第二产业对 CO_2 排放贡献占比最大，有关部门可以出台相应政策抑制第二产业 CO_2 的排放，以实现碳排放峰值降低与尽早达峰。与此同时，消费侧达峰时间比生产侧推迟 3 年，表明现有的进出口贸易结构会使得碳达峰年限推迟，不利于中国当前的发展，因此若想实现生产侧与消费侧同时在 2030 年前达峰，除了在政策上需要多种政策共同协调发力，落实能源消费强度和总量"双控"，积极推动产业结构调整和能源结构优化，也需要在贸易结构上调整中国现有的进出口贸易结构，降低工业制成品的出口，增加技术密集型工业在对外贸易中的比重，以实现从高碳贸易结构向低碳贸易结构转变。

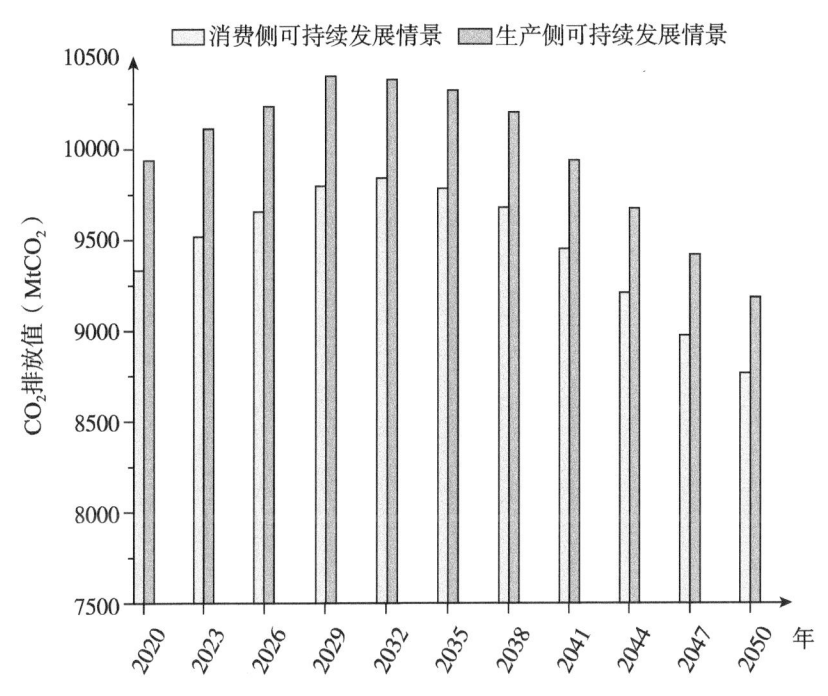

图 1-5　可持续发展情景下生产侧与消费侧 CO_2 排放对比

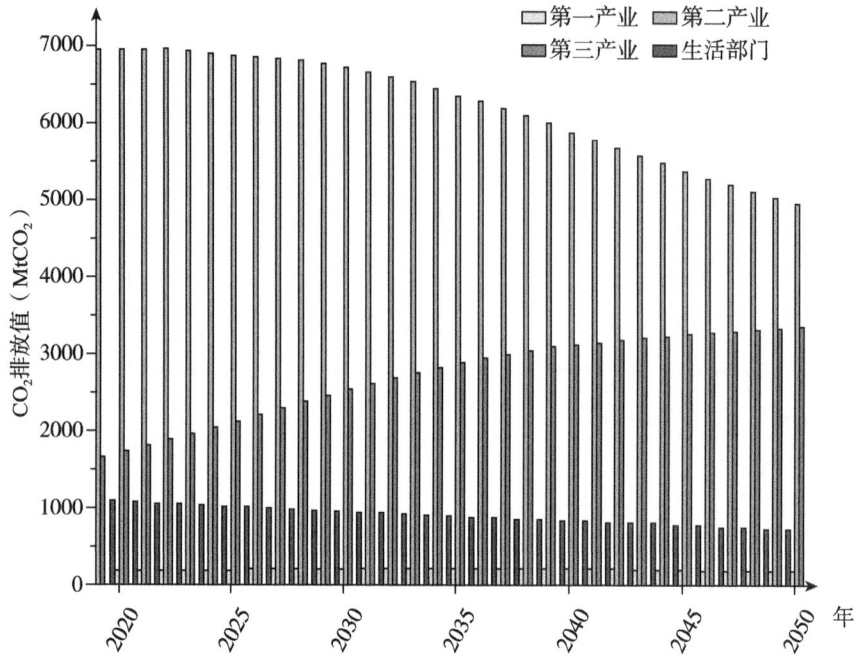

图 1-6 可持续发展情景下生产侧分部门 CO_2 排放

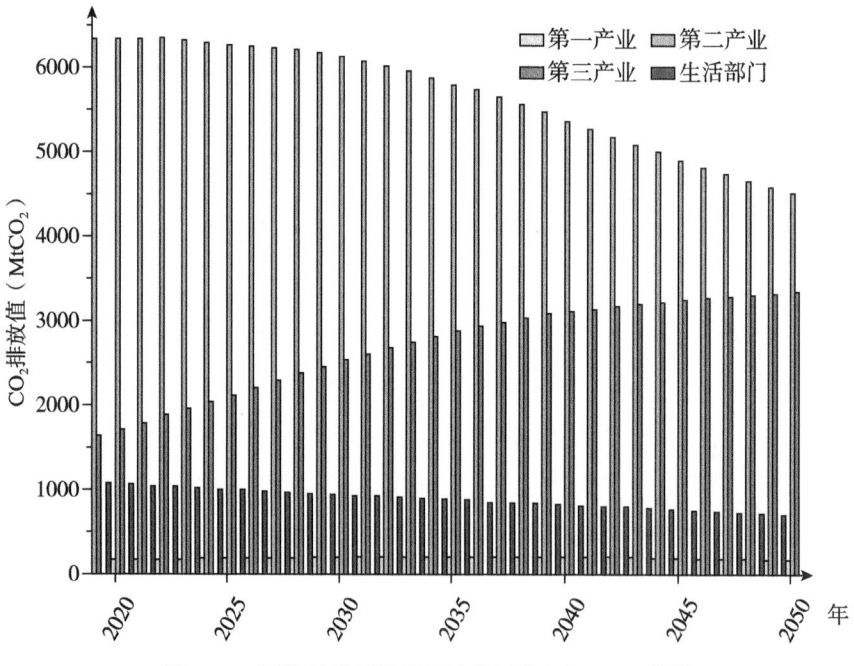

图 1-7 可持续发展情景下消费侧分部门 CO_2 排放

五、结论

从单个预测模型上来说,产业结构升级、不同的能源强度和能源结构优化对 CO_2 排放趋势有显著的影响。其中产业结构越是偏向第三产业、能源强度政策和能源结构转型政策越大,碳排放峰值越早,峰值目标越低。

无论是从生产侧还是消费侧考量,中国的持续发展必然带来 CO_2 排放量的先上升后下降。在不同情景下,CO_2 排放值为:基准情景>碳排放约束情景>可持续发展情景,达峰年限为:基准情景>碳排放约束情景>可持续发展情景,结合不同的情景含义,这表明中国碳达峰路径会受到经济结构、技术进步、能源强度与能源结构等要素的综合影响。因此,必须打破中国当前高碳发展模式、产业结构体系、能源技术路径以及能源消费行为的"锁定"效应,分别实现产业、能源的结构性优化以及生产、消费的模式化变革。

在考虑隐含碳的消费侧碳排放预测模型下,虽然在同等条件下 CO_2 排放量比生产侧碳排放量低,但是在可持续情景下,消费侧碳排放达峰时间比生产侧达峰时间推迟3年,表明现有的贸易结构,不利于中国未来的发展。要想实现消费侧与生产侧双达峰,中国当前的进出口贸易结构需做调整,应降低工业制成品里高碳产品的出口,增加技术密集型工业在对外贸易中的比重,以实现从高碳贸易结构向低碳贸易结构的转变。

参考文献

[1] Jiang X, Chen Q, Guan D, et al. Revisiting the Global Net Carbon Dioxide Emission Transfers by International Trade:The Impact of Trade Heterogeneity of China [J]. Journal of industrial ecology. 2016, 20 (3): 506 – 514.

[2] Wang S, Wang X, Tang Y. Drivers of carbon emission transfer in China—An analysis of international trade from 2004 to 2011 [J]. The Science of

the total environment. 2020, 709: 135924.

[3] Xu D, Zhang Y, Li Y, et al. Path analysis for carbon transfers embodied in China's international trade and policy implications for mitigation targets [J]. Journal of cleaner production. 2022, 334: 130207.

[4] Suri V, Chapman D. Economic growth, trade and energy: implications for the environmental Kuznets curve [J]. Ecological economics. 1998, 25 (2): 195-208.

[5] Pan J, Phillips J, Chen Y. China's balance of emissions embodied in trade: approaches to measurement and allocating international responsibility [J]. Oxford review of economic policy. 2008, 24 (2): 354-376.

[6] Zhang Z, Xi L, Bin S, et al. Energy, CO2 emissions, andvalue added flows embodied in the international trade of the BRICS group: A comprehensive assessment [J]. Renewable & sustainable energy reviews. 2019, 116: 109432.

[7] Weber C L, Peters G P, Guan D, et al. The contribution of Chinese exports to climate change [J]. Energy policy. 2008, 36 (9): 3572-3577.

[8] Zhao L, Zhao T, Yuan R. Scenario simulations for the peak of provincial household CO_2 emissions in China based on the STIRPAT model [J]. The Science of the total environment. 2022, 809: 151098.

[9] Wang W, Wang J. Determinants investigation and peak prediction of CO_2 emissions in China's transport sector utilizing bio-inspired extreme learning machine [J]. Environmental science and pollution research international. 2021, 28 (39): 55535-55553.

[10] Xu G, Schwarz P, Yang H. Adjusting energy consumption structure to achieve China's CO_2 emissions peak [J]. Renewable and Sustainable Energy Reviews. 2020, 122: 109737.

[11] Xu G, Schwarz P, Yang H. Determining China's CO_2 emissions peak with a dynamic nonlinear artificial neural network approach and scenario analy-

sis [J]. Energy policy. 2019, 128: 752-762.

[12] Su K, Lee C. When will China achieve its carbon emission peak? A scenario analysis based on optimal control and the STIRPAT model ER - [J]. Ecological indicators. 2020, 112: 106138.

[13] Zhou N, Price L, Dai Y, et al. A roadmap for China to peak carbon dioxide emissions and achieve a 20% share of non - fossil fuels in primary energy by 2030 [J]. APPLIED ENERGY. 2019, 239: 793-819.

[14] Li F, Xu Z, Ma H. Can China achieve its CO_2 emissions peak by 2030? [J]. Ecological indicators. 2018, 84: 337-344.

[15] Mi Z, Wei Y, Wang B, et al. Socioeconomic impact assessment of China's CO_2 emissions peak prior to 2030 [J]. Journal of cleaner production. 2017, 142: 2227-2236.

[16] Li N, Zhang X, Shi M, et al. The prospects of China's long - term economic development and CO_2 emissions under fossil fuel supply constraints [J]. Resources, conservation and recycling. 2017, 121: 11-22.

[17] Kim T, Tromp N. Carbon emissions embodied in China - Brazil trade: Trends and driving factors [J]. Journal of cleaner production. 2021, 293: 126206.

[18] Munksgaard J, Pedersen K A. CO_2 accounts for open economies: Producer or consumerresponsibility? [J]. Energy policy. 2001, 29 (4): 327-334.

[19] Gallego B, Lenzen M. A consistent input - output formulation of shared producer and consumer responsibility [J]. Economic systems research. 2005, 17 (4): 365-391.

[20] Rodrigues J, Domingos T. Consumer and producer environmental responsibility: Comparing two approaches [J]. Ecological economics. 2008, 66 (2): 533-546.

[21] Zhou P, Ang B W, Han J Y. Total factor carbon emission performance: A Malmquist index analysis [J]. Energy economics. 2010, 32 (1): 194-

201.

[22] Shao S, Liu J, Geng Y, et al. Uncovering driving factors of carbon emissions from China's mining sector [J]. Applied energy. 2016, 166: 220 – 238.

[23] Zhou X, Zhang M, Zhou M, et al. A comparative study on decoupling relationship and influence factors between China's regional economic development and industrial energy – related carbon emissions [J]. Journal of cleaner production. 2017, 142: 783 – 800.

[24] Zhao Y, Wang S, Zhang Z, et al. Driving factors of carbon emissions embodied in China – US trade: a structural decomposition analysis [J]. Journal of cleaner production. 2016, 131: 678 – 689.

[25] Sun Y, Wang S, Zhang X. How efficient are China's macroeconomic forecasts? Evidences from a new forecasting evaluation approach [J]. Economic modelling. 2018, 68: 506 – 513.

[26] Zhou N, Price L, Yande D, et al. A roadmap for China to peak carbon dioxide emissions and achieve a 20% share of non – fossil fuels in primary energy by 2030 [J]. Applied Energy. 2019, 239: 793 – 819.

[27] 杨开忠, 单菁菁, 李红玉, 等. 中国城市发展报告 No. 14 [J].

[28] Elzen M D, Fekete H, Höhne N, et al. Greenhouse gas emissions from current and enhanced policies of China until 2030: Can emissions peak before 2030? [J]. Energy policy. 2016, 89: 224 – 236.

[29] Zhang X, Karplus V J, Qi T, et al. Carbon emissions in China: How far can new efforts bend thecurve? [J]. Energy economics. 2016, 54: 388 – 395.

[30] 林伯强. 碳中和进程中的中国经济高质量增长 [J]. 经济研究. 2022, 57 (01): 56 – 71.

第二章
基于土地利用碳汇的中国净碳排放账户核算及碳中和实现路径研究

随着工业化和城市化的快速发展，人类活动使碳排放急剧增长。温室气体的大量排放导致了全球变暖，从而对地球气候变化产生了深远影响，最后将危害整个人类文明。随着全球环境保护、可持续发展深入，低碳绿色发展已经成为当前社会经济发展的主旋律。2020年9月22日，中国政府在第七十五届联合国大会上提出："中国将提高国家自主贡献力度，采取更加有力的政策和措施，CO_2排放力争于2030年前达到峰值，努力争取2060年前实现碳中和。"碳中和是碳达峰之后的新阶段，也是低碳发展所追求的关键阶段。碳中和是指在一定时间内，由人为活动产生的温室气体排放总量，通过生态系统碳汇、节能减排等形式，抵消所产生的温室气体排放，实现温室气体的"零排放"。作为碳排放大国，我国在全球气候治理领域具有世界影响力，实现碳中和，不但助力了我国经济未来的可持续健康发展，更为全人类文明的可持续发展提供了有力保障。碳汇是指森林、草地、农田、湿地等生态系统通过吸收CO_2来减少碳排放的过程，是最自然的一种减排方式。实现碳中和的路径中，生态系统碳汇的作用必不可少，Yang等人[1]的研究发现，在无政策干预的情况下，在2060年仅通过陆地生态系统碳汇就可以中和2.8%~18.7%的碳排放。增加生态系统碳汇相较于其他减排方式而言成本更低、难度更小，且增加生态系统碳汇，不但从数字上与碳中和更近一步，在实际生活中也会给生态环境带来改变，从而影响人们的幸福感，因此在实现碳中和的路径中应该加强对生态系统碳汇的重视。将碳汇与碳排放结合就可以得出碳账户，碳账户可以直观衡量一个经济体的净碳排放情况。本文通过对碳汇与碳排放的核算，最终计算出中国各关键年份的净碳排放账户，通过权威的碳账户数据对实现碳中和的路径进行了清晰、准确的描绘，结合具体数值，从"汇、源"两端同时发力，以期为中国实现碳中和找到一条最佳路径。

一、文献综述

（一）碳中和相关文献

碳中和是一项系统工程[2]，除依靠生态系统碳汇以外，引用新的节能减排技术、使用新的能源等手段都能助力碳中和，实现碳中和离不开各领域的共同努力。如 Zhang 等[3]基于优化的稳健动态发电扩展规划，描述了中国发电部门的碳中和转型路径；Liu 等[4]评估量化出了风能与太阳能对中国碳中和的贡献力度；李晓易等[5]通过分析交通运输领域实现碳中和的挑战，规划出了交通运输领域合理的碳中和实现路径；Jia 等[6]提出增强建筑风化等负排放技术也有助于城市碳中和；Li 等[7]提出了通过 CCUS、BECCS 等技术中和碳排放的解决方案；李凤亮和古珍晶[8]分析了在"双碳"背景下文化产业的发展变革新局面；李政等[9]提出了"双碳"目标下我国能源转型的路径及建议；齐晔和蔡琴[10]通过对比碳中和背景和之前高速发展时期的两种治理特征，分析了碳中和背景下城市面临的新问题，提出了在低碳时代实现碳中和的城市治理创新关键领域和政策建议；Zhao 等[11]从客观实际情况出发，提出了中国实现碳中和的三阶段、四步战略以及具体的建议。

就区域范围而言，学者使用不同方法分析了各级政府碳中和的实现路径，如 De La Peña 等[12]通过模拟的 4 种能源转化情景，估计墨西哥于 2050 年对碳中和目标的完成情况；胡剑锋等[13]以辽宁省为例，基于碳会计理论，计算了不同模式下实现碳中和目标的生态成本，为碳赤字型省份选择碳中和实现路径提供了参考借鉴；周伟铎和庄贵阳[14]基于自主开发的雄安新区低排放分析模型，对雄安新区的零碳城市建设路径进行了25种情景分析，从而为雄安新区碳中和提供了有效建议；Zhang W 等[15]基于碳源、碳汇系数以及交通流量预测模型，评估了深圳市2000—2008年的碳账户；Zhang Y 等[16]使用 GIS 软件和经验系数，分析了北京碳代谢的空间分布。

从国家战略背景上来讲，碳中和是国家层面的发展规划，实现碳中和，需要的也是全国范围内的碳中和。而关于中国的碳中和问题，相关文献大多从某一视角出发，为中国实现碳中和目标提出建议，如刘侃[17]参考全球各国现状与中国的实际情况，明确提出实现碳中和首先需要明确所覆盖的温室气体，并在排放和吸收两端同时发力；宋香静等[18]结合中国各区域间发展与自然资源分布的不平衡，提出了区域实现碳中和的主要路径与措施；李岚春等[19]通过研判发达经济体在实现碳中和路径中的行动政策、战略规划，为我国实现碳中和目标提供了参考。也有少量文献从碳源、碳汇角度对碳中和目标进行量化分析，描绘出中国碳中和的实现路径，如黄贤金等[20]通过预测未来中国的碳排放和碳汇总量，描绘出了中国的碳中和路径，余碧莹等[21]通过自主研发的国家能源经济模型，研究了中国中长期 CO_2 的排放目标和实现路径，分析了不同经济增速和减排力度情景下的碳中和进度。

(二) 碳排放计算相关文献

碳排放的计算从技术上来讲是一难点，有的学者使用各种精密仪器对排放源进行实际检测，或者通过气象站收集的数据量化温室气体的排放；也有学者通过夜间灯光等数据，利用模型估计区域内碳排放（Chen 等[22]）。除此以外笔者以为，选择碳排放的范围也是研究者需要关注的重点，因为除能源活动以外，人类和动物的呼吸也会排出 CO_2。由于碳中和中需要中和的 CO_2 仅指人为产生的 CO_2，因此本文所计算的碳排放，仅考虑能源消耗所产生的 CO_2，其他如在工业生产过程、人类动物呼吸等渠道

产生的 CO_2 均不考虑。

对碳排放的计算可以直接用能源消费量通过 IPCC 给出的碳排放量计算方法得到，甚至可以通过《城市温室气体核算工具2.2》① 等工具快速计量，然而上述工具对数据需求大，无法对未来碳排放进行预测。由于能源消费量与经济社会发展水平高度相关[23]，因此城镇化率、人口数量、产业结构、城市的经济水平、能源强度、能源结构等都是影响碳排放的关键因素。当前学术界比较权威的碳排放测算模型有 Kaya 模型、LMDI 分解法、排放清单法、CGE 模型、IPAT 模型[24]、ImPACT 模型和 STIRPAT 模型等，国内许多学者测算碳排放的模型都是基于上述模型的改进、扩展，如吴剑和许嘉钰[23]基于生产函数理论提出的通用碳排放模型；杜强等[25]通过去掉人口因子，引入能表征产业结构及科技技术水平的变量——劳动者报酬率对 IPAT 模型进行了改进；尹龙等[26]通过 IPAT – IDA 模型计算了中国 2020—2025 年居民消费碳排放规模。也有学者使用了自研的其他模型进行碳排放预测，如余碧莹等[21]使用自研的 C^3IAM/NET 模型预测中国未来的净碳排放路径；周伟铎和庄贵阳[14]使用 LEAP 模型模拟了不同情景下雄安新区的碳达峰、碳中和路径。

（三）碳汇计算相关文献

学术界对于碳汇计算的标准并不统一，因此不同学者之间计算的碳汇结果通常差异较大，且在方法上也各有不同。王法明等[27]测算了中国滨海湿地的固碳量，段晓男等[28]测量了中国湖泊湿地与沼泽湿地的固碳量，方精云等[29]测算了中国陆地生态系统的固碳量，以上学者使用的方法均为生态学的方法，计算的结果通常都是上述标准中对应的植物固碳量或者净第一生产力。在碳补偿相关文献中，学者们通常使用生态系统的净初级生产力[30-32]等系数间接计算区域碳汇能力，然而尚未有学者对所选取系数理论依据的合理性进行过探讨。

---

① https://www.wri.org.cn/node/41204.

二、计算方法与数据来源

由于 LEAP 平台是分析经济与能源环境复杂系统的理想工具[35]，适合在国家层面长时间跨度下对碳排放进行多情景预测，因此本文借助 LEAP 软件，构建 LEAP – China 模型预测了 2020—2060 年的碳排放，为碳中和提供有效数据支撑。

生态系统吸收 CO_2 排放氧气进而产生碳汇的过程是复杂的，对此过程复杂性的不同程度考虑可以得出四个不同的碳汇计算标准。第一个标准是仅考虑绿色植物通过光合作用吸收碳而排出氧，从而将光合作用吸收碳的量作为碳汇。然而，由于植物本身的自养呼吸也会排放碳，因此第二个标准是在植物光合作用吸收碳的基础上减去了自养呼吸的碳排放，从而得到净第一生产力（Net Primary Productivity）。NPP 较完整地衡量了植物的实际碳汇，但就整个生态系统而言，土壤以及土壤中微生物对植物枯枝败叶的分解依旧会排放碳，NEP（净生态系统生产力）在 NPP 的基础上减去了土壤异养呼吸的碳排放，较为准确地衡量了整个生态系统的碳汇。NEP 在理论上虽然有效，但实际生态系统的情况复杂多变，在 NEP 基础上考虑水灾、风灾、干旱、病虫害以及各种人类活动的扰动，可得净生物群落生产量（NBP），从而进一步估算出长期的碳汇[36]。本文计算的碳汇以省为单位，时间取一年，鉴于空间与时间的实际情况，选择净生态系统生产力 NEP 作为计算碳汇的标准。

通过 LEAP – China 模型预测碳排放，通过土地利用变化的 NEP 计量碳汇，最后计算出生态系统碳汇与能源消耗碳排放之间的碳账户，能合理直观描述中国实现碳中和的路径，也是对中国碳中和问题研究的有益补充。

（一）碳排放核算及预测

本文通过 LEAP 软件，构建基于生产端能源消费的 CO_2 排放综合分析预测 LEAP – China 模型，主要包括能源消费及 CO_2 排放核算、从生产端考虑的基于中国社会经济状况所构建的能源及 CO_2 排放综合预测。

1. CO_2 的核算

本文采用 IPCC 于 2006 年制定的 CO_2 排放量核算方法。IPCC 方法主要分为部门法和参考法两种，其中部门法是根据不同部门能源消费量核算其 CO_2 排放量，加总后获得国家整体 CO_2 排放量；而参考法是根据国家能源消费总量来核算 CO_2 排放量，其能源消费总量为能源生产量、进出口量和库存量的差值。根据中国产业部门分类与终端能源消费特点，本文采用 IPCC 部门法对中国化石能源 CO_2 排放量进行核算。

根据中国能源平衡表，中国能源消费部门分为：第一产业（农、林、牧、渔、水利业）、第二产业（工业、建筑业）、第三产业（交通运输、仓储及邮电通信业、批发和零售贸易餐饮业、其他）和居民生活；能源种类划分为煤炭、石油、天然气和清洁能源（即核能和可再生能源）四大类；中国的能源加工转换部门分为火力发电、炼油、炼焦、供热、制气等子模块。

终端消费部门的能源需求量为：

$$SD_t = \sum_i AL_{ti} \times EL_{ti} \quad (1)$$

式中，SD_t 为 t 部门的终端能源需求量；AL_{ti} 为 t 部门 i 子部门活动水平；EL_{ti} 为对应的单位活动水平能源消费量，即能源强度。因此对于终端消费部门、加工转化部门以及能源利用相关 CO_2 排放量计算分别有如下公式：

$$SE_t = \sum_i \sum_k SD_{tik} \times EF_{tik} \quad (2)$$

$$TM_s = \sum_k L_{sk} \times EF_{sk} \quad (3)$$

$$TE = \sum_t SE_t + \sum_s TM_s \quad (4)$$

式中，SE_t 为终端消费部门 t 的 CO_2 排放量；SD_{tik} 为 t 部门 i 子部门的 k 品种能源消费量；EF_{tik} 为对应能源消费量的碳排放因子；TM_s 为加工转换 s 部门的 CO_2 排放量；L_{sk} 为 s 部门的 k 品种能源投入量；EF_{sk} 为对应能源消

第二章 基于土地利用碳汇的中国净碳排放账户核算及碳中和实现路径研究

费量的排放因子;能源利用相关 CO_2 排放总量为 TE。

中国的碳中和对象为由人为活动产生的温室气体排放量,因此在核算碳排放时仅考虑能源消耗产生的 CO_2。在 LEAP–China 模型中,中国的能源终端消费部门包含《中国能源平衡表》中所涉及的所有部门,且又分为产业部门和生活部门。

采用 IPCC(2006 年)部门法计算 CO_2 排放量,其中产业部门有如下公式:

$$C_1 = \sum_i \sum_j C_{ij} = \sum_i \sum_j \left(\frac{C_{ij}}{E_{ij}} \times \frac{E_{ij}}{E_i} \times \frac{E_i}{Y_i} \times \frac{Y_i}{Y} \times Y \right)$$

$$= \sum_i \sum_j CI_{ij} \times ETS_{ij} \times EI_i \times ES_i \times Y \tag{5}$$

式中,i 和 j 分别表示产业和能源种类,C_1 表示产业部门的 CO_2 排放总量,C_{ij} 表示第 i 产业第 j 种燃料所产生的 CO_2 排放量,E_{ij} 表示第 i 产业第 j 种燃料的消费量,E_i 表示第 i 产业的能源消费总量,Y_i 表示第 i 产业的工业生产增加值,Y 表示中国国内生产总值,即 GDP;另外,CI_{ij} 表示第 i 产业第 j 种燃料的碳排放系数,ETS_{ij} 表示第 i 产业第 j 种燃料的能源消费比例,EI_i 表示第 i 产业的能源强度,ES_i 表示第 i 产业生产增加值占比。

生活部门分城镇生活部门和农村生活部门,生活部门总 CO_2 排放公式如下:

$$C_2 = \sum_u \sum_v C_{uv} = \sum_u \sum_v CI_{uv} \times ETS_{uv} \times PI_u \times TP_u \tag{6}$$

式中,u 表示城镇或农村生活部门,v 表示能源种类,C_2 表示生活部门的 CO_2 排放总量,C_{uv} 表示第 u 生活部门第 v 种燃料所产生的 CO_2 排放量,CI_{uv} 表示第 u 生活部门第 v 种燃料的碳排放系数,ETS_{uv} 表示第 u 部门第 v 种燃料的能源消费比例,PI_u 表示第 u 生活部门的人均能源强度,TP_u 表示第 u 生活部门的总人口。

2. LEAP 模型设置

LEAP–China 模型基准期为 2019 年,计算期为 2020—2060 年。根据以上分析,将中国 LEAP 预测划分为两个部分:终端能源消费部分和加工转换部分。第一部分，能源消费的 CO_2 排放分为产业消费和居民消费两个部门，产业部门又细分为第一产业、第二产业和第三产业；针对每个部门分别设置了煤炭、石油、天然气、非化石能源四种能源消费类型。

LEAP 模型的具体框架如图 1-8 所示。

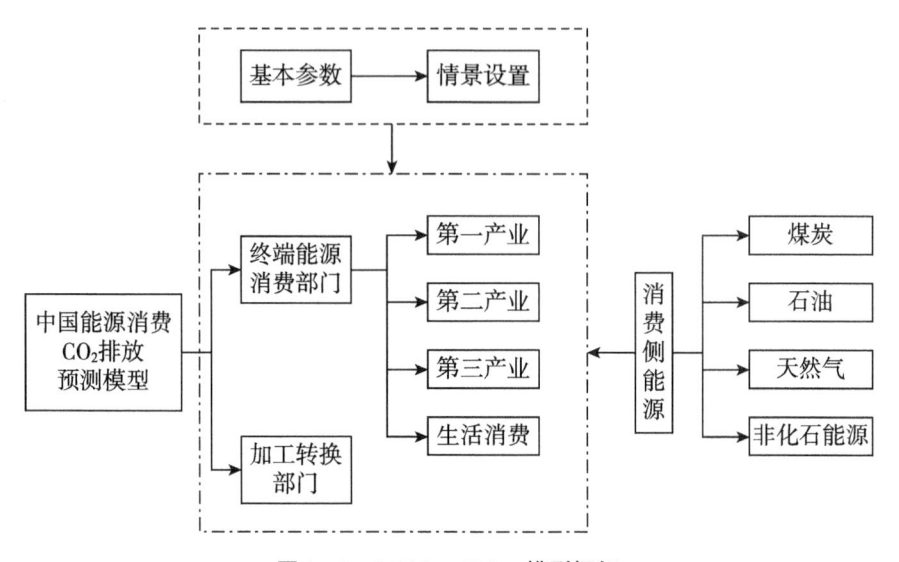

图 1-8　LEAP-China 模型框架

3. 情景设置

由于经济社会发展和化石能源的开发利用是导致碳排放的主要因素，因此影响中国长期能源需求量和 CO_2 排放的驱动因素主要可分为宏观经济因素和政策因素两部分。根据 LEAP-China 模型的研究框架以及情景设置的需要，本文选取以下指标为模型的主要驱动因素：碳排放系数、能源消费结构（即不同种类能源消费占比）、能源强度、产业结构、GDP、城市化水平（即城镇人口所占比例）和人口规模。参考已有学者的相关研究以及发达国家相似时期的历史数据，设置在符合国家绿色发展战略的强低碳情景下各参数的具体值如下[37,38]，见表 1-4。

第二章 基于土地利用碳汇的中国净碳排放账户核算及碳中和实现路径研究

表1-4 LEAP-China 中关键变量假设

含义	2019年	2028年	2060年
GDP 增速（%）	6	3.92	2.0
第一产业占比（%）	7.5	6	3
第二产业占比（%）	38.77	32	23
第三产业占比（%）	53.77	62	78
人口规模（百万人）	1 410.08	1 442	1 393.4
城镇化率（%）	62.71	70	85
清洁能源发电占比（%）	32.7	42.4	65
第一产业能源强度	265.19	224.6	161.1
第二产业能源强度	1 802.67	1 218.2	768
第三产业能源强度	359.189	304.2	218.3
城市人均能源消耗	0.31	0.34	0.40
农村人均能源消耗	0.30	0.27	0.20

资料来源：参考相关文献整理。

（二）碳汇测算

本文使用净生态系统生产力 NEP 作为系数计算区域碳汇能力，具体公式如下：

$$C_a = \sum S_i \theta_i + C_{aa} \tag{7}$$

式中，S_i 为对应类型土地面积，本文选取林地、草地、湿地、园地四种土地类型，θ_i 为该土地类型对应的 NEP 系数，C_{aa} 为农作物碳汇。由于农作物碳汇难以像其他类型土地一样直接算出，参考相关研究中的做法，单独计算农作物碳汇。其中湿地包括湖泊湿地、河流湿地等水域，因此整个省域选择林地、草地、湿地、园地、农作物五个指标。

农作物碳汇参考已有研究[39-43]的做法，使用以下公式计算：

$$C_{aa} = \sum C_{aai} - \varphi \times S_a$$

$$= \sum C_{crop-i} \times (1 - P_{water-i}) \times \frac{Y_{eco-i}}{H_i} - \varphi \times S_a \tag{8}$$

式中，C_{aai} 为某种农作物的年 NPP 总量，C_{crop-i} 为该农作物的碳吸收率，$P_{water-i}$ 为该农作物的含水量，Y_{eco-i} 为该农作物的经济产量，H_i 为该农作物的经济系数。参考[44]研究可知，上述公式计算结果对应的是农作物NPP，由于本文实际需要使用的碳汇为NEP，因此在C_{aai}基础上减去了农作物土壤的异养呼吸，其中φ为土壤异养呼吸系数，S_a为耕地面积。最后，C_{aa}为计算出的农田系统碳汇。

NEP的波动很大，已有研究表明其会受气候等各种因素影响，以至于1981—2000年的20年间，中国年均NEP变异系数高达198%[45]，且NEP的波动在统计上不存在显著趋势[46]。鉴于NEP的这种性质，寻找到合适准确的NEP系数极为困难，因此本文森林与草地的NEP系数选择了谢鸿宇等[47]的研究结果。在计算省域碳汇的相关文献中，谢鸿宇等的研究被引用最多，使用他的系数有助于本文结果在同类文章中的可比较性。园地系数参考Yang等[48]的做法，设定为森林NEP与草地NEP的平均值，其中将城市绿化面积统一至园地中进行计算。

由于湿地系统中土壤大多长期处于厌氧环境，导致土壤有机质分解缓慢[49]，并且周期性潮汐携带大量的SO_4^{2-}阻碍甲烷（CH_4）产生，从而降低盐沼湿地碳的产生和排放，因此，相比其他陆地生态系统，湿地生态系统的异养呼吸会更小，可以用NPP近似代替NEP。本文湿地系统的系数选取参考相关研究[28,27]的结果。由于不同湿地的固碳能力差异较大，故参考已有文献结果，将湿地系数按海岸及近海湿地、东部湖泊湿地、蒙新湖泊湿地、云贵湖泊湿地、青藏湖泊湿地、东北湖泊湿地与沼泽湿地进行区分。其中海岸及近海湿地的碳吸收系数结果计算来自王法明等的研究[27]，各类湖泊湿地、沼泽湿地系数计算来自段晓男等的研究[28]。在实际计算碳汇时，"河流湿地"与"湖泊湿地"使用同样的碳吸收系数，"沼泽湿地"与"人工湿地"使用同样的碳吸收系数。

由于不同的农作物、不同的耕种方式、不同的施肥条件、作物不同的生长阶段都会使农作物的土壤呼吸产生很大变化，且农田系统受人为影响较大，实际环境中农田系统的土壤呼吸可能会比实验测得的结果大得多。谢薇等[50]通过文献整理收集的土地异养呼吸数据可知，中国有限农田观测点的土壤异养呼吸大小在2.48~5.93 t C/hm²·a，在最新年份的数据

第二章 基于土地利用碳汇的中国净碳排放账户核算及碳中和实现路径研究

中,平均土壤异养呼吸大小为 5.43 t C/hm²·a。张梅等[51]的研究中表明,2015 年中国土壤平均异养呼吸为 3.34 t C/hm²·a。由于农田生态系统受人为因素干扰较大,且异养呼吸较平均而言偏大[52],因此将谢薇等[50]数据的平均值作为研究中使用的农田系统土壤异养呼吸系数。该系数确认为 5.26 t C/hm²·a。

综上所述,本文所使用系数具体值如表 1-5 所示。

表 1-5 碳汇计算相关系数具体值

系数名称	具体数值
森林	3.81t C/hm²·a
园地	2.38 C/hm²·a
东部湖泊湿地	0.57t C/hm²·a
云贵湖泊湿地	0.20 t C/hm²·a
东北湖泊湿地	0.04 t C/hm²·a
农田土壤异养呼吸	5.26 t C/hm²·a
草地	0.95t C/hm²·a
海岸及近海湿地	1.73t C/hm²·a
蒙新湖泊湿地	0.30 t C/hm²·a
青藏湖泊湿地	0.13 t C/hm²·a
沼泽湿地	0.52 t C/hm²·a

资料来源:参考相关文献整理。

本文在计算农作物碳汇时所选取的农作物种类以及涉及的相关系数选取如表 1-6 所示[40,30,53]。

表 1-6 农作物碳汇相关系数

作物	碳吸收率	含水率	经济系数
水稻	0.4144	0.12	0.45
小麦	0.4835	0.12	0.4
玉米	0.4709	0.13	0.4
高粱	0.45	0.13	0.35
谷子	0.45	0.12	0.4

续表

作物	碳吸收率	含水率	经济系数
薯类	0.4226	0.7	0.7
豆类	0.45	0.13	0.34
棉花	0.45	0.08	0.1
油菜籽	0.45	0.1	0.25
蔬菜	0.45	0.9	0.6
花生	0.45	0.1	0.43
瓜类	0.45	0.9	0.7
烟草	0.45	0.12	0.55
其他	0.45	0.12	0.4

资料来源：参考相关文献整理。

（三）碳汇预测

NEP受人类活动、自然条件的影响波动较大，中国历年的NEP也不存在一定的趋势[54]。使用IBIS模型计算了气候自然变化条件下中国2015—2060年的NEP总量，其结果表明NEP值随时间不存在变化规律，2020年左右的NEP总量与2060年左右的NEP总量也无太大差异，且黄贤金等[20]的研究结果中，各类型土地面积的平均变化率不足1%，这为本文计算碳汇时使用不变的NEP系数提供了实证支撑。由于碳汇受土地类型面积影响，因此预测碳汇的核心在于预测中国土地利用面积的变化。

现在，学者对土地利用变化的预测中所使用的模型有数量模型、空间模型、混合模型三大类[55]，各模型中涉及的驱动因子主要有人类活动与自然影响两类。黄贤金等[20]的土地利用面积预测使用的是IPCC预测成果，所使用的驱动因子主要为自然因素，如土壤质量、降水、气温等。也有学者对土地利用面积的预测主要通过经济社会发展中的人类活动[56,57]。曹祺文等[56]构建的基于土地利用的中国城镇化系统动力学模型中对各类型土地面积的预测没有考虑自然条件的变化，主要是基于经济发展下社会对某种类型土地产物的需求。在Yuan等[57]的模型中，主要的驱动因素是

GDP 增速与人口增速。Liu 等[58]同时考虑人类活动和自然条件双重影响，建立了全新的 FLUS 模型并预测了到 2050 年各类型土地的利用面积。

本文对土地利用变化的预测结果来源于对相关文献中各类型土地利用面积变化率的总结，然后在 2019 年的国土三调数据上计算出 2028 年和 2060 年的各类型土地利用面积。由于种种实证研究表明，土地利用的变化很小，因此通过上述办法得出的结果仍然合理有效。

（四）数据来源

碳排放测算与预测中所使用的能源数据和情景设置指标来源于《中国统计年鉴》《中国能源统计年鉴》、CEADs 数据库、国家统计局数据库以及国家"十四五"规划纲要。其中 2019 年、2017 年、2012 年碳排放数据源于中国碳核算数据库。

本文所计算的碳中和年份为 2060 年、2028 年、2019 年、2017 年和 2012 年。其中 2019 年的对应土地类型面积来自《全国第三次土地调查》，2017 年和 2012 年的数据来自《中国环境统计年鉴》《中国城市建设统计年鉴》和《中国农村统计年鉴》。由于《中国环境统计年鉴》中各土地类型面积是在"农用地"基础上统计的，因此通过《中国城市建设统计年鉴》查找到了各省份的城市绿化面积，将其中的"绿地面积""绿化覆盖面积""公园绿地面积"加总作为园地计算碳汇。

农作物产量数据来自《中国农村统计年鉴》以及各城市统计年鉴，其中"其他作物"只统计《中国农村统计年鉴》中记录却没有设定专门系数的三种作物：大麦、燕麦、荞麦。

三、实证结果

（一）碳排放结果及预测

在符合国家绿色发展战略的强低碳发展情景下，中国未来的碳排放将于 2028 年达峰，约为 102.89 亿吨 CO_2，较 2019 年增加 3.75%，2019—2028 年每年碳排放总量的复合增长率为 0.41%。碳排放在 2028 年达峰后逐年下降，于 2060 年下降至 72.27 亿吨，较 2028 年下降了 29.77%。2028—2060 年每年碳排放总量的复合下降率为 1.1%，下降速率约为 2019—2028 年碳排放增长速率的 2.7 倍。

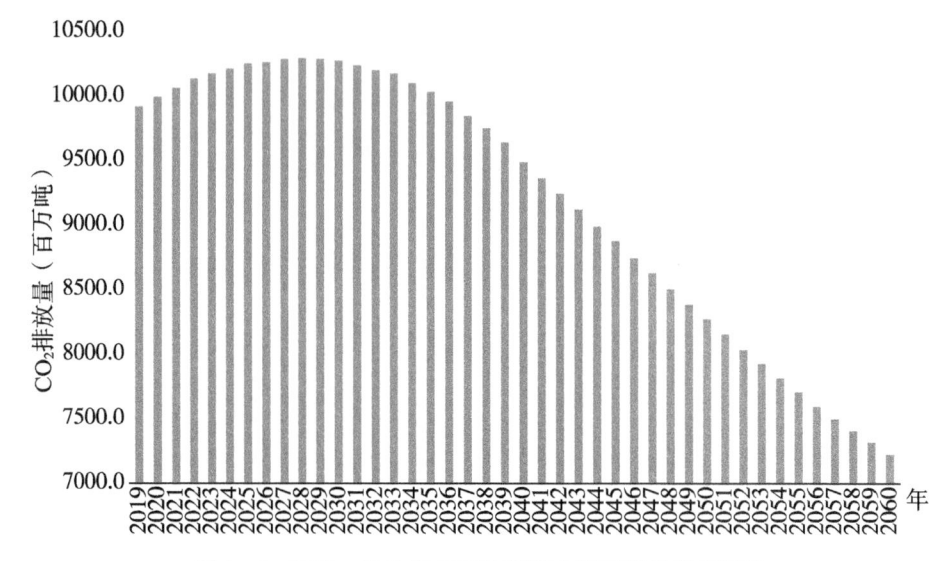

图 1-9　2019—2060 年 LEAP 预测中国碳排放量走势图

（二）碳汇结果及预测

2060 年与 2028 年的各类型土地利用面积，参考现有文献对中国未来土地利用变化的预测，总结相关学者的研究结论以及中国实际发展政策，如区域土地资源的集约利用[59]、城乡建设用地增减挂钩等政策[60]，认为在中国坚持低碳可持续发展的战略情景下，随着未来气候变化、城市化进程加快，林地、草地、园地、耕地、湿地在 2060 年分别较 2019 年增加 1.38%、0.93%、0.31%、1.09% 和 1.04%[56,20,58,57]。

各年份土地利用面积如表 1-7 所示。

第二章　基于土地利用碳汇的中国净碳排放账户核算及碳中和实现路径研究

表 1-7　各年份土地利用情况（万公顷）

年份	林地	草地	园地	耕地	湿地
2060	28 806.10	26 699.02	2 023.41	12 924.92	5 460.85
2028	28 510.97	26 514.51	2 018.72	12 820.87	5 460.67
2019	28 412.59	26 453.01	2 017.16	12 786.19	5 404.64①
2017	25 280.19	21 932.03	2 117.44	13 488.12	5 360.26
2012	25 339.70	21 956.50	2 016.70	13 515.80	3 848.55

资料来源：计算得出。

由于2028年与2060年预测的土地利用中无法对各类湿地进行精确的面积预测，且缺少各类型农作物产量的预测数据，因此在2028年与2060年的碳汇计算中，湿地使用的NEP系数为2019年湿地的平均NEP系数0.59t C/hm²，耕地使用的NEP系数为2019年耕地的平均NEP系数0.6 t C/hm²。

就各类土地产生的碳汇而言，林地最高，平均每年碳汇量为10.39亿吨C，且林地碳汇量逐年增加。除林地以外，碳汇量第二大的土地利用类型为草地，每年碳汇总量约为2.35亿吨C，整体呈上升趋势，2060年草地碳汇总量将达2.54亿吨C。园地、湿地、耕地的年均碳汇总量分别为0.45亿吨C、0.32亿吨C和0.83亿吨C。

值得一提的是，耕地碳汇在2012年到2019年间碳汇总量是逐渐减少的。农田生态系统中农作物生长虽然会带来较大的NPP，但由于土地的异养呼吸也较大，故整个农田生态系统的NEP值较小。2012年到2019年，虽然农作物产量在逐年提高，因此增大了农作物总的NPP，但耕地面积也在增加，且耕地面积增加带来的土地异养呼吸增加大于NPP的增加值，所以农田系统碳汇在2012—2019年有所下降。中国是一个农业大国，农作物产量大、农田面积广，应该注重使用科学的耕种方式，以此增强农田系统的碳汇能力。本文在对2028年和2060年的耕地碳汇预测中使用了与2019年相同的NEP系数，但如果农业技术进步，完全可以同时实现土地异养呼

---

① 其中湿地为"国土三调"中湿地与水域面积之和。

吸减小与农作物产量增加。假如2060年土地异养呼吸系数变为2019年的80%，且单位面积农作物产量较2019年增加20%，则2060年的农作物碳汇可达3亿吨C，数量约为当前水平的4倍，甚至高于2060年草地碳汇量。

表1-8 各类土地利用类型碳汇 （单位：万tC）

年份	林地	草地	园地	湿地	耕地
2060	109 751.24	25 364.07	4 815.72	3 154.48	7 813.51
2028	108 626.78	25 188.78	4 804.55	3 166.25	7 750.61
2019	108 251.97	25 130.36	4 800.84	3 170.17	7 729.65
2017	96 317.52	20 835.43	3 382.98	3 574.28	9 037.46
2012	96 544.26	20 858.68	4 799.76	2 800.72	9 373.10

资料来源：计算得出。

各类土地利用对碳汇的贡献占比也基本稳定，2060年的总碳汇中林地贡献了72.73%。草地碳汇平均占碳汇总量的16.34%，且草地碳汇的占比同样稳定地逐年上升，2012—2060年，草地碳汇占总碳汇的比例约从15.52%上升到16.81%。林地与草地的碳汇总量平均而言占总碳汇量的88.77%，可以说是作出了生态系统碳汇的最大贡献。平均而言，园地碳汇占生态系统碳汇总量约为3.15%，湿地碳汇占生态系统碳汇总量约为2.22%，耕地碳汇占生态系统碳汇总量约为5.86%。

表1-9 各类土地利用类型碳汇占比

年份	林地（%）	草地（%）	园地（%）	湿地（%）	耕地（%）
2060	72.73	16.81	3.19	2.09	5.18
2028	72.64	16.84	3.21	2.12	5.18
2019	72.61	16.86	3.22	2.13	5.18
2017	72.34	15.65	2.54	2.68	6.79
2012	71.85	15.52	3.57	2.08	6.98

资料来源：计算得出。

由于2060年与2028年土地利用面积的数据来自预测，因此其碳汇相

第二章 基于土地利用碳汇的中国净碳排放账户核算及碳中和实现路径研究

对增速与2060年土地利用面积较2019年变化率的预测值高度相关。2012年、2017年、2019年三年的数据源于历史的真实数据，对这三年数据进行分析可以发现，短期来看，各类型土地利用碳汇的变化受短期内各类型土地利用面积的变化而波动剧烈且不一致，但就长期而言，各类型土地面积均呈现出稳定、小幅增长的趋势，这就使得碳汇总量在长期来看保持了稳定增长（表1-10）。

表1-10 各类土地利用类型碳汇增速变化（较上一代表性年份）

年份	林地（%）	草地（%）	园地（%）	湿地（%）	耕地（%）
2060	1.04	0.70	0.23	-0.37	0.81
2028	0.35	0.23	0.08	-0.12	0.27
2019	12.40	20.61	41.91	-11.30	-14.47
2017	-0.23	-0.11	-29.52	27.62	-3.58

资料来源：计算得出。

（三）碳缺口

通过对碳排放和碳汇的测算，可以得出2012年、2017年、2019年、2028年、2060年中国碳账户如表1-11所示。

表1-11 各年份碳账户（百万吨CO_2）

年份	碳汇总量	碳排放总量	净排放	年均变化（%）	碳汇/碳排放（%）
2060	5 534.75	7 226.70	1 691.95	-3.21	76.59
2028	5 484.37	10 262.10	4 777.73	1.28	53.30
2019	5 466.37	9 753.59	4 287.22	-1.13	56.04
2017	4 711.15	9 097.27	4 386.12	0.41	51.79
2012	4 927.14	9 224.31	4 297.17	—	53.41

资料来源：计算得出。

中国的碳汇/碳排放目前在55%左右，在过去的几年里，中国的净排放整体呈现出稳定增长的趋势，净排放自2019年之后以1.28%的复合增长率增长，于2028年碳达峰，达到碳账户的最大赤字约48亿吨CO_2。

39

碳达峰之后，随着碳排放的下降，净排放也以年均 3.21% 的速率下降，该速率远远高于碳排放的年均下降速率 1.1%。因此，尽管碳汇总量并没有以很高的速率增长，但随着"汇、源"两端的同时发力，在碳达峰之后，碳净排放减少的速率远远高于碳排放减少的速率。但 2060 年仍然存在 16.92 亿吨 CO_2 的净排放，碳汇/碳排放为 76.59%，说明仅靠生态系统的碳汇无法完全中和中国能源消耗产生的 CO_2。

四、结论

本文通过 LEAP 模型与 NEP 系数预测了中国实现碳中和路径中关键年份的碳账户情况。主要结论如下：

（1）中国的碳排放将以每年 0.41% 的速率增加到 2028 年达峰，峰值较 2019 年碳排放提高了 3.75%，随后碳排放量将以每年 1.1% 的速率下降，于 2060 年降低至约 72 亿吨 CO_2，碳排放量较 2028 年将下降 30%，较 2019 年下降至 27%。

（2）就长期趋势而言，中国各类型土地利用面积以较小的速率增加，稳定的面积增加保证了中国生态系统碳汇总量的稳定增加，2060 年碳汇总量可达 55 亿吨 CO_2，约占同期碳排放的 76.59%。

（3）林地与草地是生态系统碳汇的主要贡献者，两者的碳汇总量约占生态系统碳汇总量的 88.77%，且随着时间的推移，林地碳汇与草地碳汇在整个生态系统碳汇中所占的比例越来越大。

上述结论蕴含的政策含义包括：一是通过增加城市绿化面积的方式不但可以改善人们的居住环境，还可以增加生态系统中的碳汇。除林地与草地以外，耕地是生态系统碳汇的第三大贡献者，主要源于我国耕地面积较大。由于农田系统受人为影响较大，且不同的农作物、耕种方式、化肥类型都会影响 NEP，因此农田生态系统的 NEP 系数较不稳定，先进的耕种方式可能会使农田系统产生巨大碳汇，但也有可能使其从碳汇变为碳源，因此未来我国务必重视农田生态系统产生的碳汇，用科学合理的方式确保农田生态系统成为有力的碳汇贡献源。二是尽管我国碳达峰之后碳排放量下降显著，但 2060 年仍然存在约 17 亿吨的 CO_2 净排放，仅通过生态系统碳汇并不能完全中和能源消耗产生的碳排放。因此，中国还需要更努力地推动国家节能减排工作，推进新能源，发展新技术，鼓励企业使用先进技术促进减排，增强风化等负排放技术，加快扩大 CCUS、BECCS 技术的商业化应用，只有在保护生态环境的同时加大对新能源的利用，通过新的技术完成对各行业的低碳发展转型，才有望在 2060 年实现中国碳中和的战略目标。

参考文献

[1] YANG Y, SHI Y, SUN W, et al. Terrestrial carbon sinks in China and around the world and their contribution to carbon neutrality [J/OL]. Science China Life Sciences, 2022 [2022 – 03 – 05].

[2] VANDENBERGH M. The Carbon – Neutral Individual [J]. 2007.

[3] ZHANG Y, ZHANG X, LAN L. Robust optimization – based dynamic power generation mix evolution under the carbon – neutral target [J/OL]. Resources, Conservation and Recycling, 2022, 178: 106103.

[4] LIU L, WANG Y, WANG Z, et al. Potential contributions of wind and solar power to China's carbon neutrality [J/OL]. Resources, Conservation and Recycling, 2022, 180: 106155.

[5] 李晓易, 谭晓雨, 吴睿, 等. 交通运输领域碳达峰、碳中和路径研究 [J]. 中国工程科学, 2021, 23 (06): 15 – 21.

[6] JIA X, ZHANG Z, WANG F, et al. Regional carbon drawdown with enhanced weathering of non – hazardous industrial wastes [J/OL]. Resources, Conservation and Recycling, 2022, 176: 105910.

[7] LI K, SHEN S, FAN J L, et al. The role of carbon capture, utilization and storage in realizing China's carbon neutrality: A source – sink matching a-

nalysis for existing coal-fired power plants [J/OL]. Resources, Conservation and Recycling, 2022, 178: 106070.

[8] 李凤亮, 古珍晶. "双碳"视野下中国文化产业高质量发展的机遇、路径与价值 [J]. 上海师范大学学报 (哲学社会科学版), 2021, 50 (06): 79-87.

[9] 李政, 张东杰, 潘玲颖, 等. "双碳"目标下我国能源低碳转型路径及建议 [J]. 动力工程学报, 2021, 41 (11): 905-909+971.

[10] 齐晔, 蔡琴. 碳中和背景下的城市治理创新 [J]. 治理研究, 2021, 37 (06): 88-98.

[11] ZHAO X, MA X, CHEN B, et al. Challenges toward carbon neutrality in China: Strategies and countermeasures [J/OL]. Resources, Conservation and Recycling, 2022, 176: 105959.

[12] DE LA PEÑA L, GUO R, CAO X, et al. Accelerating the energy transition to achieve carbon neutrality [J/OL]. Resources, Conservation and Recycling, 2022, 177: 105957.

[13] 胡剑锋, 杨宜男, 路世昌. 碳赤字型省份碳中和模式选择与生态成本比较——以辽宁省为例 [J]. 经济地理, 2021, 41 (11): 193-200.

[14] 周伟铎, 庄贵阳. 雄安新区零碳城市建设路径 [J]. 中国人口·资源与环境, 2021, 31 (09): 122-134.

[15] ZHANG W, HUANG B, LUO D. Effects of land use and transportation on carbon sources and carbon sinks: A case study in Shenzhen, China [J/OL]. Landscape and Urban Planning, 2014, 122: 175-185.

[16] ZHANG Y, LINLIN X, WEINING X. Analyzing spatial patterns of urban carbon metabolism: A case study in Beijing, China [J/OL]. Landscape and Urban Planning, 2014, 130: 184-200.

[17] 刘侃. 中国2060年碳中和目标及其落实路径研究 [J]. 生态经济, 2021, 37 (11): 13-17+39.

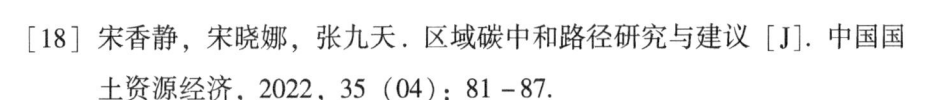

[18] 宋香静, 宋晓娜, 张九天. 区域碳中和路径研究与建议 [J]. 中国国土资源经济, 2022, 35 (04): 81-87.

[19] 李岚春, 陈伟, 郭楷模, 等. 政策工具视角下发达国家碳中和战略行动政策分析及对我国启示 [J]. 情报杂志, 2021, 40 (12): 63-71.

[20] 黄贤金, 张秀英, 卢学鹤, 等. 面向碳中和的中国低碳国土开发利用 [J]. 自然资源学报, 2021, 36 (12): 2995-3006.

[21] 余碧莹, 赵光普, 安润颖, 等. 碳中和目标下中国碳排放路径研究 [J]. 北京理工大学学报 (社会科学版), 2021, 23 (02): 17-24.

[22] CHEN J, GAO M, CHENG S, et al. County-level CO2 emissions and sequestration in China during 1997-2017 [J/OL]. Scientific Data, 2020, 7 (1): 391.

[23] 吴剑, 许嘉钰. 基于生产函数理论的碳排放量模型及应用 [J]. 江苏大学学报 (自然科学版), 2019, 40 (03): 320-324.

[24] MAGEE C L, DEVEZAS T C. Specifying technology and rebound in the IPAT identity [J/OL]. Procedia Manufacturing, 2018, 21: 476-485.

[25] 杜强, 陈乔, 陆宁. 基于改进IPAT模型的中国未来碳排放预测 [J]. 环境科学学报, 2012, 32 (09): 2294-2302.

[26] 尹龙, 杨亚男, 章刘成. 中国居民消费碳排放峰值预测与分析 [J]. 新疆社会科学, 2021 (04): 42-50+168.

[27] 王法明, 唐剑武, 叶思源, 等. 中国滨海湿地的蓝色碳汇功能及碳中和对策 [J]. 中国科学院院刊, 2021, 36 (03): 241-251.

[28] 段晓男, 王效科, 逯非, 等. 中国湿地生态系统固碳现状和潜力 [J]. 生态学报, 2008 (02): 463-469.

[29] 方精云, 郭兆迪, 朴世龙, 等. 1981~2000年中国陆地植被碳汇的估算 [J]. 中国科学 (D辑: 地球科学), 2007 (06): 804-812.

[30] 胡剑波, 王青松. 基于碳平衡的民族地区生态补偿量化研究 [J]. 广西民族研究, 2019 (06): 145-154.

[31] 马明娟，李强，周文瑞．碳中和视域下黄河流域碳生态补偿研究［J］．人民黄河，2021，43（12）：5－11．

[32] 万伦来，林春鑫，陈艺．基于相对碳赤字的中国省际碳补偿时空格局研究［J］．长江流域资源与环境，2020，29（12）：2572－2583．

[33] 李璐，董捷，徐磊，等．功能区土地利用碳收支空间分异及碳补偿分区——以武汉城市圈为例［J］．自然资源学报，2019，34（05）：1003－1015．

[34] 张巍．区域碳补偿标准及额度研究［J］．统计与决策，2019，35（24）：55－58．

[35] 常征，潘克西．基于LEAP模型的上海长期能源消耗及碳排放分析［J/OL］．当代财经，2014（01）：98－106．

[36] 陶波，葛全胜，李克让，等．陆地生态系统碳循环研究进展［J］．2002：16．

[37] 陆旸，蔡昉．人口结构变化对潜在增长率的影响：中国和日本的比较［J］．世界经济，2014，37（01）：3－29．

[38] 易信，郭春丽．未来30年我国潜在增长率变化趋势及2049年发展水平预测［J/OL］．经济学家，2018（2）：36－45．

[39] 曹俊文，陶强强．长江经济带农业碳补偿修正测算及分析［J］．农业资源与环境学报，2021，38（04）：693－698．

[40] 韩召迎，孟亚利，徐娇，等．区域农田生态系统碳足迹时空差异分析——以江苏省为案例［J］．农业环境科学学报，2012，31（05）：1034－1041．

[41] 杨立，唐柳．曲周县碳平衡分析与预测［J］．中国人口·资源与环境，2013，23（S2）：10－13．

[42] 周嘉，王钰萱，刘学荣，等．基于土地利用变化的中国省域碳排放时空差异及碳补偿研究［J］．地理科学，2019，39（12）：1955－1961．

[43] 朱向梅，王子莎．中国碳足迹广度空间关联格局及影响因素研究

[J]. 调研世界, 2021 (05): 38-48.

[44] 王宗明, 国志兴, 宋开山, 等. 2000~2005年三江平原土地利用/覆被变化对植被净初级生产力的影响研究 [J]. 自然资源学报, 2009, 24 (01): 136-146.

[45] ZHANG L, REN X, WANG J, et al. Interannual variability of terrestrial net ecosystem productivity over China: regional contributions and climate attribution [J/OL]. Environmental Research Letters, 2019, 14 (1): 014003.

[46] MING C, BO T, KE L, et al. Interannual Variation in Terrestrial Ecosystem Carbon Fluxes in China from 1981 to 1998 [J]. Acta Botanica Sinica, 2003: 9.

[47] 谢鸿宇, 陈贤生, 林凯荣, 等. 基于碳循环的化石能源及电力生态足迹 [J]. 生态学报, 2008 (04): 1729-1735.

[48] YANG G, SHANG P, HE L, et al. Interregional carbon compensation cost forecast and priority index calculation based on the theoretical carbon deficit: China as a case [J]. Science of the Total Environment, 2019: 15.

[49] 韩广轩, 李隽永, 屈文笛. 氮输入对滨海盐沼湿地碳循环关键过程的影响及机制 [J]. 植物生态学报, 2021, 45 (04): 321-333.

[50] 谢薇, 陈书涛, 胡正华. 中国陆地生态系统土壤异养呼吸变异的影响因素 [J]. 环境科学, 2014, 35 (01): 334-340.

[51] 张梅, 黄贤金, 揣小伟, 等. 中国净生态系统生产力空间分布及变化趋势研究 [J]. 地理与地理信息科学, 2020, 36 (02): 69-74.

[52] 郝庆菊, 王跃思, 宋长春, 等. 三江平原农田生态系统CO_2收支研究 [J]. 农业环境科学学报, 2007 (04): 1556-1560.

[53] 张俊峰, 张安录, 董捷. 武汉城市圈土地利用碳排放效应分析及因素分解研究 [J]. 长江流域资源与环境, 2014, 23 (05): 595-602.

[54] 李洁, 张远东, 顾峰雪, 等. 中国东北地区近50年净生态系统生产力的时空动态 [J]. 生态学报, 2014, 34 (06): 1490-1502.

[55] 宋百媛. 基于SD-FLUS模型的中国海岸带LUCC多情景模拟 [D/OL]. 中国科学院大学 (中国科学院烟台海岸带研究所), 2021.

[56] 曹祺文, 顾朝林, 管卫华. 基于土地利用的中国城镇化SD模型与模拟 [J]. 自然资源学报, 2021, 36 (04): 1062-1084.

[57] YUAN Y, ZHAO T, WANG W, et al. Projection of the Spatially Explicit Land Use/Cover Changes in China, 2010-2100 [J/OL]. Advances in Meteorology, 2013, 2013: 1-9.

[58] LIU X, LIANG X, LI X, et al. A future land use simulation model (FLUS) for simulating multiple land use scenarios by coupling human and natural effects [J/OL]. Landscape and Urban Planning, 2017, 168: 94-116.

[59] 曾晨, 曾唯嘉, 王鹏瑞. 城市群行政区划体系与集约化国土空间利用 [C/OL]. 中国城市规划学会、成都市人民政府, 2021: 950-960.

[60] 杨军. 我国城乡建设用地增减挂钩政策发展及创新研究 [J]. 河北农机, 2021 (11): 123-124.

第三章
中国省域间隐含碳转移测算与碳补偿研究

2020年，中国对国际社会承诺，中国碳排放力争于2030年前达到峰值，努力争取2060年前实现碳中和[①]。围绕实现这一目标和愿景，社会各界积极贡献思路方案，相关企业迅速发布碳达峰、碳中和计划，各个省（区、市）也将相关行动规划纳入政府工作报告中。

2018年中国二氧化碳排放量占全球二氧化碳总排放量的30.29%[②]，占比最大。中国幅员辽阔，各区域在地理空间分布、资源格局、产业结构及经济发展水平等方面不但有着较大的差异，而且这些区域有着较强的空间相关性。区际碳排放转移直接导致了区域间在整体上不但没有实现碳减排，反而加剧了彼此碳减排权责不公平的现象。区际隐含碳转移问题对区域碳排放格局和碳减排效果影响重大，是造成区域间减排压力转嫁、整体减排效果抵消、碳排放净转出区经济增长负担加重和产业结构升级转型困难等问题的重要原因之一。实践表明，要保证中国经济高速发展，实现中国政府及各省际区域既定的减排目标，就需要准确把握区域碳排放空间转移特征，明确其经济溢出效应，有效引导碳排放在中国省际区域间合理转移，这也是本文研究的出发点。故本文采用多区域投入产出模型，对中国2017年30个省（区、市）29个行业的隐含碳转移进行测算，并且据此分析我国省区间隐含碳转移的具体量值与空间分布格局，厘清我国碳减排格局，对于"双

---

① http://www.xinhuanet.com/.
② https://databank.worldbank.org/databases.

碳"目标的实现、各省区因地制宜制定碳减排政策具有重要的意义。

一、文献综述

（一）隐含碳转移

隐含碳转移问题的研究最初常用在国际间贸易问题的研究中。在开放的经济条件下，伴随着进出口商品贸易的发生，各国的碳排放在不同程度上受到来自其他国家隐含碳排放的影响。国外学者采用 Merge、GREEN、GTAP-E、投入产出等模型（Shui, B. et al., 2006; Weber, C. L. et al., 2007; Peters, G. P. et al., 2008）测算了各区域的碳排放转移量，如英国、美国等发达国家对中国的碳排放净转移量，结果显示其值在 7%~23%。随着国际间隐含碳研究的完善，学者们开始将目光转向研究省际隐含碳转移、碳泄漏问题（Munksgaard, 2001; 姚亮等, 2010; Marques, 2012），主要采用的测算方法是投入产出方法（Feng, 2013; Liu, 2015; Mi, 2017; Shan, 2018; Zheng, 2020）。多区域投入产出（MRIO）模型考虑了不同区域的技术和经济结构，利用区域间贸易数据，能够全面刻画各区域各部门之间的完整生产链，全面、系统地反映各个区域、各个产业之间的经济联系，是进行区域经济研究的重要基础工具。随着多区域投入产出数据库的开发和完善，越来越多的学者运用多区域投入产出模型来研究环境问题。如能源足迹和碳排放（Peters, G. P. et al., 2008; Fan, J. et al., 2012; Meng, B. et al., 2013; Liu, Z. et al., 2015; Mi, Z. et al., 2017; Zheng, H. et al., 2020）、水资源消耗（Ewing, B. R. et al., 2012; Okadera, T. et al., 2015; Wang, X. et al., 2016）、生物多样性（Lenzen, M. et al., 2012; Wilting, H. C. et al., 2021）。多区域投入产出法将不同地区连接起来，进而研究不同区域间存在的各种联系。

学者们发现中国各个省（区、市）之间在碳减排的过程中，可能出现的"碳减排不公平"现象（欧元明, 2016; 王文举和陈真玲, 2019; 汪燕等,

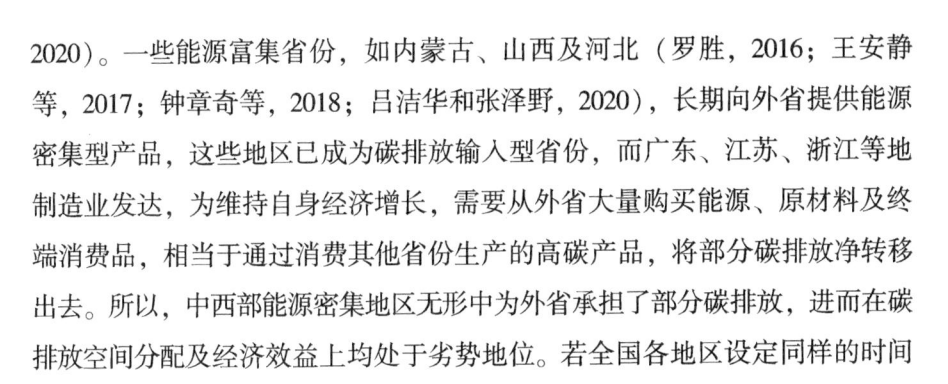

2020）。一些能源富集省份，如内蒙古、山西及河北（罗胜，2016；王安静等，2017；钟章奇等，2018；吕洁华和张泽野，2020），长期向外省提供能源密集型产品，这些地区已成为碳排放输入型省份，而广东、江苏、浙江等地制造业发达，为维持自身经济增长，需要从外省大量购买能源、原材料及终端消费品，相当于通过消费其他省份生产的高碳产品，将部分碳排放净转移出去。所以，中西部能源密集地区无形中为外省承担了部分碳排放，进而在碳排放空间分配及经济效益上均处于劣势地位。若全国各地区设定同样的时间表，将对内蒙古、宁夏和新疆等西部能源富集区经济发展带来过重的压力。

"双碳"目标提出之后，学者们主要是基于"碳达峰与碳中和"目标建立国家与区域二氧化碳排放路径、科技需求与技术路径，从而进一步对减排情景、机制、政策和成本效益进行模拟（王灿和张雅欣，2020；蔡博峰等，2021；张贤等，2021；翁智雄，2021）。而对于在"双碳"目标下，省域间隐含碳转移对不同类别的地区产生何种不同影响的研究较少。

目前，对于省域隐含碳转移的研究主要基于2012年之前的投入产出表测算省际碳转移情况。随着经济的快速发展，各省份在产业结构和技术等方面进行了调整，省际贸易结构也发生了一定的改变，而隐含碳的转移结构也会随之发生改变。在新的发展状况下，对省际隐含碳转移情况进行重新衡量与时空变化分析，这对于隐含碳问题的深入研究是很有必要的。研究省际贸易的碳排放转移问题，对于深入揭示中国碳排放形成原因，厘清省际隐含碳转移结构，探究区域不平衡等问题，促进区际协同发展，科学合理地制定减排政策，切实减少碳排放与"碳减排不平等"现象，促进"双碳"目标的实现具有重要的理论和现实意义。

（二）碳补偿

针对区域间存在的"碳减排不公平"现象，学者们开始探索通过实施省域间资金或技术补偿的方式来保证区域碳减排合作的公平性。对于碳补偿问题的研究可以追溯到区域间资源利益协调与补偿研究、生态补偿研究。生态补偿（Payments for Ecosystem／Environmental Services，PES）是指以保护生态环境和促进人与自然和谐发展为目的,通过将生态保护中的经济外部性内部化,采用公共政策手段或市场化手段,调整生态保护区与生态受益区等相关区域之间利益关系的制度安排。生态补偿首先要有明确的作为补偿支付指向对象的环境服务提供方(Engel, S., 2008; Clements, T. et al., 2010),其次是确定生态补偿的标准(Pagiola, S. et al., 2007; Newton, P. et al., 2012)。"碳补偿"是在全球变化和低碳经济背景下产生的生态补偿研究的新领域。国际上对森林碳补偿(Galik, C. S. et al., 2009; Knoke, T. et al., 2011)、碳补偿技术(Lovell, H. and D. Liverman, 2010)、区域碳排放配额分配机制(Yu, B., L. Xu and Z. Yang, 2016; Wang, W. et al., 2020)等开展了探索研究;国内学者也从理论和实证两个角度开展了碳补偿的相关研究,赵荣钦等(2015)、张巍(2019)、万伦来等(2020)对碳补偿的内涵特征、区域碳补偿及碳交易制度的基本框架进行了较为系统的阐述。补偿可分为纵向补偿和横向补偿,补偿者与受偿者之间具有行政隶属关系的为纵向生态补偿,比如中央政府对不同层级地方政府开展的生态补偿,省级政府对本行政辖区内市、县、乡镇等开展的生态补偿等。补偿者与受偿者之间不具有行政隶属关系的为横向生态补偿,比如省际或市际生态补偿等(贾若祥和高国力,2015)。补偿的对象类型包括资源使用权、排污权、碳排放权等资源性衍生品市场交易补偿,方式有省际财政横向转移支付、省内市县间的转移支付、共建产业园区、基金横向补偿,也有技术支持,即经济发达地区可以对经济欠发达区域进行技术援助,从而帮助这些区域达到节能减排的目的,来抵消自身碳排放指标;区域横向碳补偿,有利于推动城乡一体化发展进程,缩小区域经济社会发展的差距等。本文所采用的是省际横向资金补偿。

二、方法与数据

(一) MRIO 模型

多区域投入产出(MRIO)模型是在各区域投入产出表的基础上,利

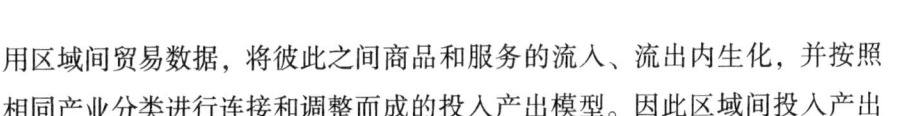

用区域间贸易数据,将彼此之间商品和服务的流入、流出内生化,并按照相同产业分类进行连接和调整而成的投入产出模型。因此区域间投入产出模型能够全面、系统地反映各个区域、各个产业之间的经济联系,是进行区域经济研究的重要基础工具。

价值型地区间投入产出模型的平衡关系式为:

$$X_i^p = \sum_{q=1}^{m}\sum_{p=1}^{n} X_{ij}^{pq} + \sum_{q=1}^{m} Y_i^{pq} + EX_i^p \qquad (1)$$

式中,上标表示地区,下标表示部门,X_{ij}^{pq} 表示 p 地区的 i 部门对 q 地区的 j 部门的中间投入,Y_i^{pq} 表示 p 地区的 i 部门为 q 地区提供的最终产品,EX_i^p 表示 p 地区 i 部门的出口,X_i^p 表示 p 地区 i 部门的总产出,X_i^q 表示 q 地区 i 部门的总投入,其中 p,$q=1,2,\cdots,m$;$i,j=1$,$2,\cdots,n$。

令 $a_{ij}^{pq} = \dfrac{X_{ij}^{pq}}{X_j^q}$,$a_{ij}^{pq}$ 是直接消耗系数,同时:

令 $A^{pq} = \begin{bmatrix} a_{11}^{pq} & a_{12}^{pq} & \cdots & a_{1n}^{pq} \\ a_{21}^{pq} & a_{22}^{pq} & \cdots & a_{2n}^{pq} \\ \vdots & \vdots & \ddots & \vdots \\ a_{n1}^{pq} & a_{n2}^{pq} & \cdots & a_{nn}^{pq} \end{bmatrix}$,$A^{pq}$ 表示分地区直接消耗系数矩阵,即 p 区域对 q 区域的中间产品投入的直接消耗系数矩阵。

故式(1)可写成矩阵形式,如下:

$$\begin{bmatrix} X^1 \\ X^2 \\ \vdots \\ X^p \\ \vdots \\ X^q \\ \vdots \\ X^m \end{bmatrix} = \begin{bmatrix} A^{11} & A^{12} & \cdots & A^{1p} & \cdots & A^{1q} & \cdots & A^{1m} \\ A^{21} & A^{22} & \cdots & A^{2p} & \cdots & A^{2q} & \cdots & A^{2m} \\ \vdots & \vdots & & \vdots & & \vdots & & \vdots \\ A^{p1} & A^{p2} & \cdots & A^{pp} & \cdots & A^{pq} & \cdots & A^{pm} \\ \vdots & \vdots & & \vdots & & \vdots & & \vdots \\ A^{q1} & A^{q2} & \cdots & A^{qp} & \cdots & A^{qq} & \cdots & A^{qm} \\ \vdots & \vdots & & \vdots & & \vdots & & \vdots \\ A^{m1} & A^{m2} & \cdots & A^{mp} & \cdots & A^{mq} & \cdots & A^{mm} \end{bmatrix} \begin{bmatrix} X^1 \\ X^2 \\ \vdots \\ X^p \\ \vdots \\ X^q \\ \vdots \\ X^m \end{bmatrix} +$$

$$\begin{bmatrix} Y^{11} & + & Y^{12} & \cdots & + & Y^{1p} & \cdots & + & Y^{1q} & \cdots & + & Y^{1m} & + & EX^{1} \\ Y^{11} & + & Y^{22} & \cdots & + & Y^{2p} & \cdots & + & Y^{2q} & \cdots & + & Y^{2m} & + & EX^{2} \\ \vdots & & \cdots & \cdots & & \cdots & \cdots & & \cdots & \cdots & & \vdots & & \vdots \\ Y^{p1} & + & Y^{p2} & \cdots & + & Y^{pp} & \cdots & + & Y^{pq} & \cdots & + & Y^{pm} & + & EX^{p} \\ \vdots & & \cdots & \cdots & & \cdots & \cdots & & \cdots & \cdots & & \vdots & & \vdots \\ Y^{q1} & + & Y^{q2} & \cdots & + & Y^{qp} & \cdots & + & Y^{qq} & \cdots & + & Y^{qm} & + & EX^{q} \\ \vdots & & \cdots & \cdots & & \cdots & \cdots & & \cdots & \cdots & & \vdots & & \vdots \\ Y^{m1} & + & Y^{m2} & \cdots & + & Y^{mp} & \cdots & + & Y^{mq} & \cdots & + & Y^{mm} & + & EX^{m} \end{bmatrix}$$

(2)

在上式矩阵中，X^p 表示 p 区域的各部门产品总产出的列向量，Y^{pq} 表示 p 区域生产的产品作为 q 区域最终使用产品的列向量，EX^p 为 p 区域产品出口的列向量。进一步可得：

$$X^p = (I - A^{pp})^{-1} \left(\sum_{\substack{q=1 \\ p \neq q}}^{m} A^{pq} X^q + \sum_{\substack{q=1 \\ p \neq q}}^{m} Y^{pq} + Y^{pp} + EX^p \right) \quad (3)$$

在上式中，$(I - A^{pp})^{-1} \sum_{\substack{q=1 \\ p \neq q}}^{m} A^{pq} X^q$ 表示 p 地区为满足其他地区中间产品需要的总产出，$(I - A^{pp})^{-1} \sum_{\substack{q=1 \\ p \neq q}}^{m} Y^{pq}$ 表示 p 地区为满足其他地区最终产品需要的总产出，$(I - A^{pp})^{-1} Y^{pp}$ 表示 p 地区为满足本地区最终产品需要的总产出，$(I - A^{pp})^{-1} EX^p$ 表示 p 地区为满足出口需要的总产出。

（二）碳排放测算方法

根据温室气体的排放清单，碳排放的测算主要包含化石能源活动、工业生产过程、土地和林地利用变化以及废弃物处置四个环节。其中，考虑到数据的限制，许多学者的研究主要关注化石能源活动引起的碳排放。但是除化石能源燃烧产生碳排放外，水泥生产过程中所用的石灰等原材料也会分解并产生工艺性碳排放。美国二氧化碳信息分析中心（CDIAC）估计，这部分碳排放的数量不容小觑（张友国，2016）。

（1）化石能源燃烧产生碳排放

与能源相关的碳排放指的是化石燃料燃烧过程中排放的二氧化碳。根据 IPCC 指南，部门方法排放量是根据化石燃料的部门燃烧计算的，具体公式如下示：

$$CE_{IJ} = AD_{ij} \times NCV_i \times CC_i \times O_{ij} \times \frac{44}{12} \qquad (4)$$

式中，CE_{IJ} 表示在 j 部门燃烧化石燃料 i 排放的二氧化碳，AD_{ij} 表示在 j 部门化石燃料 i 的消耗量，从能源统计年鉴中收集，NCV_i 表示净热值，即化石燃料 i 燃烧每物理单位产生的热量，CC_i（碳含量）表示化石燃料产生的每单位净热值的二氧化碳排放量，O_{ij} 表示氧化效率，指的是化石燃料燃烧过程中的氧化率，44/12 为二氧化碳气化系数。

(2) 工艺相关（水泥）二氧化碳排放量

$$CE_t = AD_t \times EF_t \qquad (5)$$

式中，CE_t 表示水泥生产过程中与工艺相关的 CO_2 排放量，AD_t 表示水泥相关排放量核算的活动数据，指水泥生产。可从国家统计局的官方数据中收集中国及其各省的水泥生产数据，EF_t 表示水泥生产的排放系数，为 0.5021016（刘宇等，2015）。

(三) 碳转移量与补偿测算模型

基于投入产出表的环境投入产出分析法逐步成为估算温室气体的有效方法。投入产出分析从部门之间的投入产出关系出发，将产业间的密切关系联系在一起，通过列昂惕夫（Leontief）逆矩阵，计算出最终需求诱发的所有产业部门的直接和间接 CO_2 排放。

首先需要计算出每个地区各产业部门单位总产出的 CO_2 排放量，目前的大多数研究都使用 IPCC 默认值。而根据 CEADs 之前对中国化石燃料质量和水泥工艺的调查，得出 IPCC 的默认排放因子比中国的调查值高出约 40%，其调查结果更符合中国二氧化碳排放事实。故在本文中使用 CEADs 调查计算的化石燃料排放因子（Shan, 2018）。其次由每个地区各产业部门单位总产出的 CO_2 排放量，将其与产业部门的总产出做比值，得出二氧化碳排放系数，以 p 地区为例，记为 c_i。

记 C^p 为以 p 地区各产业部门二氧化碳排放系数 c_i（$i=29$）的对角矩阵，则 p 地区各产业部门的 CO_2 排放量的列向量如下所示：

$$C^p X^p = C^p (I - A^{pp})^{-1} \left(\sum_{\substack{q=1 \\ p \neq q}}^{m} A^{pq} X^q + \sum_{\substack{q=1 \\ p \neq q}}^{m} Y^{pq} + Y^{pp} + EX^p \right) \quad (6)$$

式中，$C^p (I - A^{pp})^{-1} \sum_{\substack{q=1 \\ p \neq q}}^{m} A^{pq} X^q$ 为 p 区域为满足其他区域中间产品需求排放的 CO_2 量；$C^p (I - A^{pp})^{-1} \sum_{\substack{q=1 \\ p \neq q}}^{m} Y^{pq}$ 与 $C^p (I - A^{pp})^{-1} Y^{pp}$ 表示 p 区域为满足其他地区和本地区最终产品需求而排放的 CO_2 量；$C^p (I - A^{pp})^{-1} EX^p$ 为 p 区域为满足出口而排放的 CO_2 量。

净碳转移（NCT）代表的是 p 区域向其他区域转入的隐含碳总量（转出量）与其他区域向 p 区域转入（转入量）的隐含碳总量之差。p 区域的净碳转移量公式如下所示：

$$NCT = \sum_{\substack{q=1 \\ p \neq q}}^{m} c^q (I - A^{qq})^{-1} (A^{qp} X^p + Y^{qp}) - \sum_{\substack{q=1 \\ p \neq q}}^{m} c^p (I - A^{pp})^{-1} (A^{pq} X^q + Y^{pq}) \quad (7)$$

对于碳补偿核算，本文采用横向补偿的方法。首先，补偿方和受偿方之间对各自的责权进行明确约定，责权对等。本文以核算的净碳转移量为基础对补偿方和受偿方责权进行划分，净碳转入地区为受偿方，净碳转出地区为补偿方。其次，补偿资金的核算要以一定的标准进行。在碳补偿核算中，受偿方为补偿方提供中间使用与最终消费的产品，但是却增加自身的生态保护和环境治理成本，因此，需要补偿方向受偿方提供补偿资金。

补偿资金的核算以碳排放成交价为基础。2021 年 7 月 16 日，全国碳排放权交易市场正式启动，交易中心设在上海。全国碳市场首日成交均价 51.23 元/吨。碳市场有望成为年交易额超过千亿元人民币的大市场，为全社会的减碳行动提供价格信号以及资金支持。以此为基础核算碳补偿，能更加准确地反映出在当前背景下碳的价值。故本文选取首日成交均价 51.23 元/吨二氧化碳当量[①]，将碳排放量转化为金额，

---

① http://www.xinhuanet.com/.

以确定补偿金额 CA。

$$CA = NCT \times P \tag{8}$$

（四）数据来源

本文中计算 30 个省份间以及部门间二氧化碳转移量，需要中国多区域间投入产出表和各地区各部门二氧化碳排放系数。其中使用的中国多区域投入产出数据选择由 Zheng 等（2020）编制的 2017 年中国多区域投入产出表，我国各省份投入产出表每 5 年更新一次，目前最新年份为 2017 年，故该数据是中国最新的多区域投入产出数据，提供了 30 个省份 42 个部门之间的贸易价值流量。

对于各地区各部门二氧化碳排放系数，中国没有正式公布的平台，故本文选用由中国碳核算数据库（CEADs）依据 IPCC 行业碳排放核算方法编制的各省份碳排放清单[①]以及《中国煤炭工业年鉴（2017）》。该排放清单包括 17 种化石燃料燃烧产生的能源碳排放和生产水泥产生的过程碳排放，并使用更符合中国现实的碳排放系数，测算了 45 个部门的碳排放量。为了保持数据一致性，我们将碳排放清单整理为 29 个行业，相应地将多区域投入产出表整合为 30 个地区 29 个部门。

三、实证结果

（一）省际碳转移核算分析

采用净碳转移的公式对各省（区、市）的净碳转移进行核算，其中将某地区为满足其他地区需求产生的碳排放量，或者其他地区为开展自身生产活动或者最终消费而消耗某地区商品产生的碳排放量称为转入量；反之，则称为转出量。30 个省（区、市）的转出量与转入量核算结果如图 1–10 所示。

---

① https：//www.ceads.net/data/.

图 1-10　30 个省（区、市）碳转出转入量

由图 1-10 可以看到，碳转出量最多的省份是广东，其次是河南、浙江和江苏；碳转入量最多的是内蒙古，其次是河北、河南和山西。碳转出量多，意味着这些省份为了满足自身的生产和消费需求，从经济较不发达但能源丰富的省份进口大量能源，本身所产生的碳排放很少，但如果从消费责任者的角度来看，碳排放很多；碳转入量多的省份意味着这些省份产生的碳排放中有很大一部分是为了满足其他地区的生产需求与消费需求，多为资源型省份，如内蒙古，提供很多能源产品给北京和广东等经济发

达的省市。由于省份内贸易的发展,产品在省际间的流动量增加,产品的生产地与消费地不同,导致了区域间的碳转移。

省(区、市)	净碳转移量/MT
内蒙古自治区	-351.18
山西省	-221.42
山东省	-190.56
辽宁省	-150.41
河北省	-147.06
新疆维吾尔自治区	-135.09
宁夏回族自治区	-70.47
福建省	-62.77
甘肃省	-51.03
安徽省	-48.28
广西壮族自治区	-37.62
贵州省	-27.00
黑龙江省	-25.97
吉林省	-20.12
湖北省	0.74
青海省	2.23
四川省	2.28
海南省	9.04
天津市	16.37
上海市	22.91
湖南省	48.20
江苏省	49.86
江西省	50.68
云南省	57.21
陕西省	61.31
河南省	122.21
重庆市	150.35
浙江省	276.75
北京市	276.76
广东省	401.05

图 1-11 2017 年各省(区、市)净碳转移量

将碳转出量减去碳转入量就是净碳转移量。北京、天津、上海、江苏、浙江、江西、河南、湖南、湖北、广东、海南、重庆、四川、云南、陕西、青海这 16 个省(区、市)的净碳转移为正数,剩余的 14 个省(区、市)为负数。净碳转移为正数的 16 个省(区、市)都是经济较为发达的地区(图 1-11)。其中广东、北京、浙江、河南、重庆的净碳转出量

57

较大，最大的是广东省，为 4 亿吨。从隐含碳净转出省（区、市）的分布看，净转出省（区、市）可分为三类：一是人均 GDP 较高的经济发达省（区、市），如天津、北京、上海、广东、江苏、浙江等；二是经济总量较大但人均 GDP 不高的省（区、市），如江西、湖南、湖北、四川、云南、河南等。这些地区或是产业结构单一，或者产业结构不完善，不得不依靠调入物资来满足最终需求。净碳转移为负数，即净碳转入的 14 个省（区、市）中内蒙古、山西、新疆、山东、河北、吉林的净碳转入量较大，最大的是内蒙古，为 3.5 亿吨。从省际隐含碳净转入分布来看，隐含碳净转入省（区、市）主要分为两类，一类是能源资源富集的省（区、市），如内蒙古、山西、新疆、山东、河北、吉林等，另一类是人均 GDP 较低的经济较不发达的省（区、市），如甘肃、安徽、宁夏、广西等，这些地区对外贸易的交流也相对较少，转出量与转入量都较少。研究结果表明，在中国内部存在经济发达省（区、市）与欠发达省（区、市）间的"碳泄漏"。

（二）净碳转移空间分布特征分析

1. 省际净碳转移空间分布特征

将各省（区、市）的净碳转移与净碳输入情况采用 Arcgis 软件在中国地图中展示其空间分布情况。通过制图我们可以发现，净碳输入的地区大多分布在北部和南部少部分地区，而净碳转出的地区大多分布在北京、天津、中部以及东部沿海地区。总体分布上呈现由南向北、由东向西转移的空间格局。这一空间分布规律说明了整体上呈现出经济发达省（区、市）向欠发达省（区、市）碳转移的情况。由《中国煤炭工业年鉴（2017）》里可以看到，2017 年全国煤炭省际调入调出中，北京、上海、江苏、河南、广东等地区都是从外省（区、市）净调入煤炭，而内蒙古、山西、陕西、新疆等地都是净调出煤炭，基于自然资源禀赋，这些省（区、市）的经济发展还是依赖当地自然资源，能源需求具有刚性特点，高耗能产业的高耗能产品大部分是满足其他地区的消费。同时经济较发达地区如北上广，第三产业占比过半，加之环境规制的要求，其满足生产生活的高耗能产品便会从其他地区获得，从而导致了其呈现出本地碳排放量较少的局面。

2. 分区域净碳转移特征分析

随着区域政策的精准化和空间板块的细分化，国家信息中心根据中国及各地区投入产出表，根据省（区、市）产业结构的相似性和经济发展水平以及地域关系等将我国大陆划分为八个区域，许多学者在此基础上讨论区域经济的空间关联及其动态演变特征（姚亮，2010；Feng，2013）。中国区域间投入产出表将中国的省（区、市）划分为八大区域，将30个省（区、市）分为八大区域，各大区域的分类与净碳转移量如表1-12所示。

表1-12 各大区域的分类与净碳转移量

八大区域	包含省（区、市）	净碳转移量（Mt）
北部都市	北京、天津	145.23
北部海岸地区	河北、山东	-544.23
东北地区	黑龙江、吉林、辽宁	-47.86
中部海岸地区	江苏、上海、浙江	347.32
南部海岸地区	福建、广东、海南	340.52
中部地区	山西、河南、安徽、湖北、湖南、江西	-196.49
西北地区	内蒙古、陕西、宁夏、甘肃、青海、新疆	-337.62
西南地区	四川、重庆、云南、贵州、广西	293.13

从区域净碳转移的数值可以看出，有四个区域的净碳转移量为正，表示其他区域为该区域承担了相应的碳排放压力。这些区域分别是北部都市、中部海岸地区、南部海岸地区和西南地区，它们的经济结构中高能耗行业比重较少，并且低能耗产业和服务也比较发达，或是经济结构不完善，对其他区域经济依赖度较高，从其他资源型区域大量进口能源等产品。其余四个区域的净转出量为负，表示该区域为其他区域承担了部分碳排放压力。这些区域分别是北部海岸地区、东北地区、中部地区和西北地区，四大区域均属于自然资源富集的地区，其为其他地区的生产活动提供生产资料，同样也承担了相应的碳排放量。区域碳排放净转移的情况反映了其在全国碳减排区域格局中的地位与作用。

具体来分析八大区域的净碳转移方向，将八大区域的净碳转移情况采用 Arcgis 软件在中国地图中展示其空间分布情况，通过分析可知北部整体向西北地区输入隐含碳，南部整体向中部和北部输入隐含碳。将八大区域分为三类，第一类是单向转出区域——北部都市，北部都市的净转出量为正，其向其他八大区域均有隐含碳的输入，其中向北部海岸地区和西北地区的输入量最多，向东北地区、中部海岸地区的输入量较少。第二类是双向转出与转入结合，包括北部海岸地区、东北地区、中部地区、中部海岸地区、南部海岸地区以及西南地区，其中中部海岸地区、南部海岸地区和西南地区的净转移量为正，这些地区向西北与东北地区输入大量的隐含碳，同时承接着来自北部都市的碳转移，碳转出要大于碳转入；而北部海岸地区、东北地区、中部地区的净碳转移量为负，这些地区一方面承接着北部都市以及南部地区的碳输入，另一方面也向西北地区输入隐含碳，但总体来看其承接的碳转移要比向其他地区输入的量多，与这些地区资源型省份较多有关。第三类是单向转入区域——西北地区，西北地区承接着其他七大区域的净碳转入。净碳转移为正的地区，如北部都市与中部、南部海岸地区，其碳转移模式体现出，随着国家和地区碳减排政策的制定和实施，发达地区既要保持经济的快速增长，又要保证碳减排任务的实现，不可避免地会将一些高污染高耗能的产业转移到别的地区，考虑到发达地区之间的经济联系较为密切，发达地区与较不发达地区在产业结构及经济发展阶段上均有较大的差异性，同时中国发达省际区域位置以东部为主，其地理空间位置较为邻近，这些均使得其区位碳排放转移呈现由东向西的格局。净碳转移为负的地区，如北部沿海、中部地区，其在地理位置上连接了东西两大区域，且其所具备的产业形态往往是东部地区的上游产业，不论是人才储备还是相关产业资源的积累，均对东部地区相关的产业转移有着较强的承担能力。而对于西北地区来说，西部欠发达地区数量较多，分布较广，且其有着较强的区域环境承载力。

（三）碳补偿核算结果

区域横向碳补偿的一个方式就是建立区域横向碳补偿制度，以政府为

第三章 中国省域间隐含碳转移测算与碳补偿研究

主导的直接经济补偿。以区域碳转移核算为依据,由净碳转出区域(如城市化区域及工业发达区域)向净碳转入区域(如资源型区域)支付一定的经济补偿,以实现区域公平发展。本文以净碳转移量为基础,计算出补偿金额,如表 1-13 所示。

表 1-13 碳补偿金额排名前八省(区、市)的情况

补偿地区	受偿省份	所属区域	金额(亿元)	补偿地区	受偿省份	所属区域	金额(亿元)
北京	内蒙古	西北地区	22.69	广东	内蒙古	西北地区	21.65
	新疆		9.51		新疆		9.79
	陕西		4.96		宁夏		5.78
	宁夏		4.91		陕西		4.58
	甘肃		2.11		甘肃		4.12
	青海		0.01		青海		0.28
	河北	北部海岸地区	15.97		河南	中部地区	14.83
	山东		13.39		山西		9.54
	吉林	东北地区	2.92		江西		4.94
	黑龙江		8.88		湖南		4.64
	辽宁		7.43		安徽		4.43
	山西	中部地区	9.45		湖北		2.25
	安徽		2.97		辽宁	东北地区	25.79
	河南		2.13		黑龙江		5.53
	湖北		1.35		吉林		4.94
	江西		0.98		广西	西南地区	23.93
	江苏	中部海岸地区	7.30		贵州		7.55
	浙江		5.74		四川		1.14
	上海		2.62		云南		0.55
	福建	南部海岸地区	3.41		河北	北部海岸地区	17.68
	广东		3.09		山东		13.95
	海南		0.38		江苏	中部海岸地区	11.80
	贵州	西南地区	3.39		上海		3.66
	四川		1.86		福建	南部海岸地区	5.89
	广西		0.66		海南		0.35
	重庆		0.52		天津	北部都市	1.13
	云南		0.41	浙江	内蒙古	西北地区	18.11
	天津	北部都市	2.80		新疆		5.01

续表

补偿地区	受偿省份	所属区域	金额（亿元）	补偿地区	受偿省份	所属区域	金额（亿元）
重庆	内蒙古	西北地区	11.13	浙江	宁夏	西北地区	3.85
	新疆		5.26		陕西		3.59
	陕西		3.94		甘肃		3.03
	宁夏		3.33		青海		0.77
	甘肃		1.25		河北	北部海岸地区	19.71
	青海		0.34		山东		11.32
	河南	中部地区	6.17		山西	中部地区	11.48
	山西		5.43		江西		4.83
	安徽		1.79		安徽		4.69
	江西		1.71		河南		4.14
	湖南		1.45		湖南		3.04
	湖北		0.45		湖北		1.37
	河北	北部海岸地区	8.90		辽宁	东北地区	8.36
	山东		6.55		吉林		5.46
	黑龙江	东北地区	3.92		黑龙江		3.13
	辽宁		3.85		江苏	中部海岸地区	16.40
	吉林		1.15		贵州	西南地区	3.53
	贵州	西南地区	3.81		广西		3.48
	云南		0.69		云南		1.72
	江苏	中部海岸地区	3.28		四川		0.72
	上海		1.05		重庆		0.02
	福建	南部海岸地区	1.96		福建	南部海岸地区	2.98
	广东		0.85		广东		1.34
	天津	北部都市	0.65		海南		0.08
江苏	安徽	中部地区	18.02	陕西	天津	北部都市	2.28
	山西		11.33		内蒙古	西北地区	10.25
	湖南		1.72		新疆		6.17
	江西		0.70		甘肃		2.99
	湖北		0.21		宁夏		2.20

续表

补偿地区	受偿省份	所属区域	金额（亿元）	补偿地区	受偿省份	所属区域	金额（亿元）
江苏	内蒙古	西北地区	9.77	陕西	青海	西北地区	0.13
	新疆		2.87		四川	西南地区	8.12
	宁夏		2.02		贵州		1.26
	甘肃		1.10		广西		0.46
	青海		0.44		海南	南部海岸地区	5.40
	河北	北部海岸地区	10.72		福建		1.99
	山东		6.58		辽宁	东北地区	2.73
	辽宁	东北地区	2.90		黑龙江		1.98
	黑龙江		2.08		吉林		1.87
	吉林		1.98		山西	中部地区	5.34
	上海	中部海岸地区	2.86		安徽		1.09
	福建	南部海岸地区	0.54		河北	北部海岸地区	2.33
	贵州	西南地区	0.15		江苏	中部海岸地区	0.77
河南	内蒙古	西北地区	20.76	江西	内蒙古	西北地区	8.28
	新疆		10.06		宁夏		2.18
	宁夏		5.37		新疆		1.67
	陕西		2.45		陕西		0.84
	甘肃		2.07		甘肃		0.75
	青海		0.16		青海		0.08
	山东	北部海岸地区	14.28		湖北	中部地区	5.98
	河北		8.68		山西		5.20
	辽宁	东北地区	7.88		河南		0.74
	黑龙江		6.66		湖南		0.63
	吉林		0.29		山东	北部海岸地区	5.53
	山西	中部地区	12.05		河北		2.76
	安徽		0.99		黑龙江	东北地区	3.26
	湖北		0.95		辽宁		1.23

续表

补偿地区	受偿省份	所属区域	金额（亿元）	补偿地区	受偿省份	所属区域	金额（亿元）
河南	福建	南部海岸地区	2.78	江西	吉林	东北地区	0.42
	江苏	中部海岸地区	2.15		福建	南部海岸地区	1.69
	贵州	西南地区	0.57		贵州	西南地区	0.85
	四川		0.34		广西		0.37
	天津	北部都市	0.18		四川		0.19

从表1-11中可以看出，广东、浙江、北京、河南、重庆、江苏、陕西、江西在30个省（区、市）中碳补偿金额较多。北京、浙江、河南、重庆、广东向8个区域的省（区、市）都需要进行补偿。具体来看，北部都市中的北京向西北地区补偿的金额最多，尤其是向内蒙古地区需要补偿22.69亿元。作为我国经济最发达地区之一的广东需要向东北地区的辽宁（25.79亿元）、西南地区的广西（23.93亿元）、西北地区的内蒙古（21.65亿元）、北部海岸地区的河北（17.68亿元）、中部地区的河南（14.83亿元）等进行补偿，补偿的金额也较大。而位于中部海岸经济发展较好的浙江和江苏主要向中部海岸地区、西北地区以及北部海岸地区进行补偿，其中，浙江主要向北部海岸地区的河北（19.71亿元）、山东（11.32亿元）、西北地区的内蒙古（18.11亿元）、中部海岸地区的江苏（16.40亿元）进行补偿；江苏主要向中部地区的安徽（18.02亿元）、北部海岸地区的河北（10.72亿元）、西北地区的内蒙古（9.77亿元）进行补偿。作为中部地区整体经济规模最大的河南同样主要向西北地区的内蒙古（20.76亿元）、北部海岸地区的山东（14.28亿元）、中部地区的山西（12.05亿元）进行补偿，而另一个中部地区的江西也是主要向西北地区、中部地区、北部海岸地区的部分省（区、市）进行补偿，向西北地区补偿最多，需要向内蒙古补偿8.28亿元，向北部海岸地区的山东补偿5.53亿元，向中部地区的湖北和山西补偿也较多，分别为5.98亿元和5.20亿元。

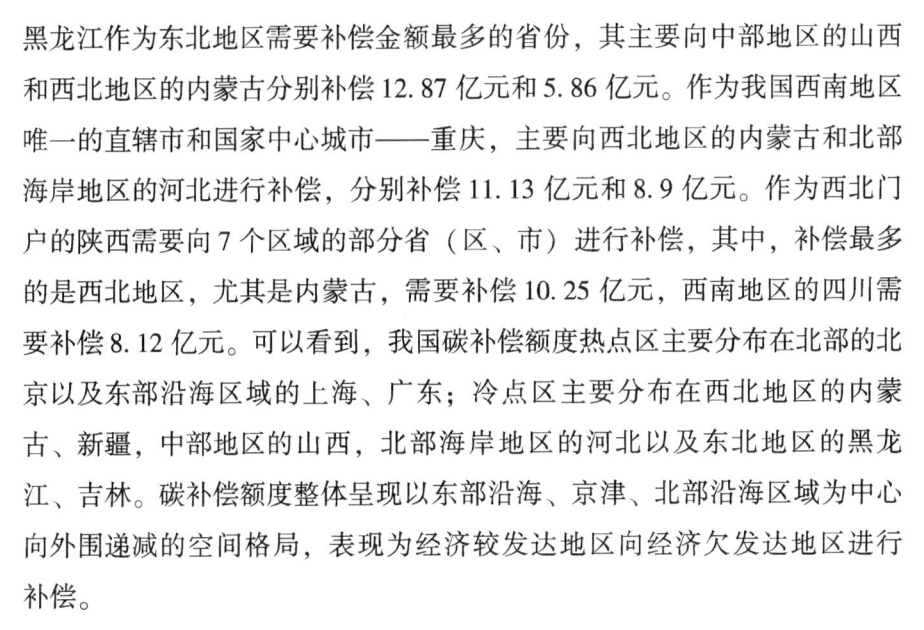

黑龙江作为东北地区需要补偿金额最多的省份，其主要向中部地区的山西和西北地区的内蒙古分别补偿12.87亿元和5.86亿元。作为我国西南地区唯一的直辖市和国家中心城市——重庆，主要向西北地区的内蒙古和北部海岸地区的河北进行补偿，分别补偿11.13亿元和8.9亿元。作为西北门户的陕西需要向7个区域的部分省（区、市）进行补偿，其中，补偿最多的是西北地区，尤其是内蒙古，需要补偿10.25亿元，西南地区的四川需要补偿8.12亿元。可以看到，我国碳补偿额度热点区主要分布在北部的北京以及东部沿海区域的上海、广东；冷点区主要分布在西北地区的内蒙古、新疆，中部地区的山西，北部海岸地区的河北以及东北地区的黑龙江、吉林。碳补偿额度整体呈现以东部沿海、京津、北部沿海区域为中心向外围递减的空间格局，表现为经济较发达地区向经济欠发达地区进行补偿。

具体补偿的措施，可通过建立不同省域碳补偿的横向转移支付制度，实现碳补偿地方—中央—地方的转移。中央政府和地方政府均设立"碳基金"账户对碳补偿资金进行管理。遵循"谁受益，谁补偿"的公平补偿原则，净碳转移为正值的地区应为碳补偿主体，作为碳补偿的支付者，净碳转移为负值的地区应为碳补偿的受偿者。以全国碳市场的成交价为基础，核算碳补偿金额，由碳补偿支付者向碳补偿受偿者进行碳补偿资金的转移支付。

四、结论与政策建议

本文通过对2017年省际间碳转移量进行核算，得到了2017年30个省（区、市）的碳转出量、碳转入量、净碳转移量，以及碳转移的具体方向；同时将30个省（区、市）划分为八大区域，分析不同区域间碳转移的情况；最后，基于各省（区、市）碳转移的量，结合全国碳市场的碳价，对省际碳补偿金额进行核算。主要结论有：(1) 碳转出量最多的省份是广东省，碳转入量最多的是内蒙古自治区，碳转出量多的省份多为经济发达地区，碳转入量多的省（区、市）多为资源型省（区、市）。（2）从净碳转移的空间分布来看，净碳输入的地区大多分布在北部和南部少部分地区，而净碳转出的地区大多分布在北京、天津、中部以及东部沿海地区。总体分布上呈现由南向北、由东向西转移的空间格局。说明了整体上呈现出经济发达省（区、市）向欠发达省（区、市）碳转移的情况。（3）从八大区域的净碳转移情况可以看出，净碳转移为正的地区，如北部都市与中部、南部海岸地区，在经济快速增长的同时通过将一些高污染高耗能的产业转移到别的地区来保证碳减排任务的实现；净碳转移为负的地区，如北部沿海、中部地区，其在地理位置上连接了东西两大区域，对东部地区相关的产业转移有着较强的承担能力，其与西北地区同样也承担着碳排放的压力。（4）碳补偿主要呈现由南向北、由东向西补偿，总体呈现发达地区向不发达地区进行补偿，尤其是对西北地区进行补偿，可见西北地区具有较强的区域环境承载力，因此也应该得到更多的资金补偿。

"双碳"目标不是一朝一夕就能实现的，而是一个长期的过程。要充分考虑到各个区域的自然资源、要素禀赋与政策因素的不同之处，区域经济空间布局存在着不平衡、不协调的现象，所以要分阶段分区域进行目标的设置，有序指导地方按照此部署循序渐进、有条不紊地推进"双碳"工作，重视区域之间的碳转移问题，避免即使在某些区域成功实现了碳达峰，但其可能在其他区域发生补偿，这将使全国实现"双碳"目标更加困难。在制定各地区的碳减排目标时，必须深入研究地区之间的产业联系和区域碳排放格局，使减排目标更加科学化。

根据省际碳转移与碳补偿结果的分析与讨论，我们提出以下政策建议：（1）在实现"双碳"目标的过程中，应根据各省域产业结构、经济发展状况的不同和各省（区、市）贸易碳转移特征，制定适宜的减排政策，在保持区域贸易的同时减少碳排放。净碳转入省（区、市）大多为资源密集的地区，可将减排重点放在开发利用清洁能源上，逐渐淘汰能源使用效率低的高耗能产业，提高能源利用率以降低碳排放强度，使自身产品更加低碳环保、具有竞争力；净碳转出省（区、市），多为经济发达的地区，

第三章 中国省域间隐含碳转移测算与碳补偿研究

这些地区的服务业较为发达,需要依靠调入能源产品等物资来满足自身的生产与消费需求,可重点考虑调入产品来源,在不影响社会经济发展和产业结构的条件下,将产品输入来源由高排放强度地区转变成低排放强度地区。(2)我国的资源富集地区,如西北地区和中部部分地区,承担了经济发达地区的碳压力,要充分考虑各省域所获经济利益以及其能源使用效率,按照"谁受益,谁补偿"的原则,经济发达地区要按照净碳转移的情况,对欠发达地区给予资金或者技术上的补偿与支持。(3)中国各经济区域不是孤立发展的,即使是地理位置相距较远的地区之间也普遍存在空间关联。我国在实现"双碳"目标的进程中,需要重点处理好发达地区与较不发达地区之间的关系,核定碳减排责任时,应充分考虑省际存在着隐含碳转移和空间分布特性,掌握不同省(区、市)的产业结构与贸易结构以及在省际贸易中所处的位置,促进要素在区域间合理流动,减少发达地区向较不发达地区持续转移高耗能、高污染、低附加值产业,防止区域发展不平衡被进一步拉大以及较不发达省(区、市)如西北地区的碳减排压力进一步加大。

参考文献

[1] Shui, B. and R. C. Harriss, The role of CO_2 embodiment in US – China trade. Energy Policy, 2006. 34 (18): 4063 – 4068.

[2] Weber, C. L. and H. S. Matthews, Embodied Environmental Emissions in U. S. International Trade, 1997 – 2004. Environmental Science & Technology, 2007. 41 (14): 4875 – 4881.

[3] Peters, G. P. and E. G. Hertwich, CO_2 Embodied in International Trade with Implications for Global Climate Policy. Environmental Science & Technology, 2008. 42 (5): 1401 – 1407.

[4] Munksgaard, J. and K. A. Pedersen, CO_2 accounts for open economies: producer or consumer responsibility? Energy policy, 2001. 29 (4): 327 –

334.

[5] 姚亮,刘晶茹. 中国八大区域间碳排放转移研究 [J]. 中国人口·资源与环境, 2010. 20 (12): 16 – 19.

[6] Marques, A., et al., Income – based environmental responsibility [J]. Ecological Economics, 2012. 84: 57 – 65.

[7] Feng, K., et al., Outsourcing CO_2 within China [J]. Proceedings of the National Academy of Sciences, 2013. 110 (28): 11654 – 11659.

[8] Liu, L., Q. Liang and Q. Wang, Accounting for China's regional carbon emissions in 2002 and 2007: production – based versus consumption – based principles. Journal of Cleaner Production, 2015. 103: 384 – 392.

[9] Mi, Z., et al., Chinese CO_2 emission flows have reversed since the global financial crisis [J]. Nature Communications, 2017. 8 (1).

[10] Shan, Y., et al., China CO_2 emission accounts 1997 – 2015 [J]. Scientific Data, 2018. 5 (1).

[11] Zheng, H., et al., Regional determinants of China's consumption – based emissions in the economic transition [J]. Environmental research letters, 2020. 15 (7): 74001.

[12] Fan, J., et al., Embedded carbon footprint of Chinese urban households: structure and changes [J]. Journal of Cleaner Production, 2012. 33: 50 – 59.

[13] Meng, B., et al., China's inter – regional spillover of carbon emissions and domestic supply chains [J]. Energy Policy, 2013. 61: 1305 – 1321.

[14] Ewing, B. R., et al., Integrating ecological and water footprint accounting in a multi – regional input – output framework [J]. Ecological Indicators, 2012. 23: 1 – 8.

[15] Okadera, T., et al., Evaluating the water footprint of the energy supply of Liaoning Province, China: A regional input – output analysis approach [J]. Energy Policy, 2015. 78: 148 – 157.

[16] Wang, X., et al., An input-output structural decomposition analysis of changes in sectoral water footprint in China. Ecological Indicators, 2016. 69: 26-34.

[17] Lenzen, M., et al., International trade drives biodiversity threats in developing nations. Nature, 2012. 486 (7401): 109-112, A1.

[18] Wilting, H. C., et al., Subnational greenhouse gas and land-based biodiversity footprints in the European Union. Journal of Industrial Ecology, 2021. 25 (1): 79-94.

[19] 欧元明. 省域碳排放公平、转移与分配研究 [J]. 生态经济, 2016. 32 (06): 44-47.

[20] 王文举, 陈真玲. 中国省级区域初始碳配额分配方案研究——基于责任与目标、公平与效率的视角 [J]. 管理世界, 2019. 35 (03): 81-98.

[21] 汪燕, 王文治, 马淑琴. 中国省域间碳排放责任共担与碳减排合作 [J]. 浙江社会科学, 2020 (01): 40-51+156.

[22] 罗胜. 中国省域碳排放核算与责任分摊研究 [J]. 上海经济研究, 2016 (04): 45-53.

[23] 王安静, 冯宗宪, 孟渤. 中国30省份的碳排放测算以及碳转移研究 [J]. 数量经济技术经济研究, 2017. 34 (08): 89-104.

[24] 钟章奇等. 区域间碳排放转移、贸易隐含碳结构与合作减排——来自中国30个省区的实证分析 [J]. 国际贸易问题, 2018 (06): 94-104.

[25] 吕洁华, 张泽野. 中国省域碳排放核算准则与实证检验 [J]. 统计与决策, 2020. 36 (03): 46-51.

[26] 王灿, 张雅欣. 碳中和愿景的实现路径与政策体系 [J]. 中国环境管理, 2020. 12 (06): 58-64.

[27] 蔡博峰等. 中国碳中和目标下的二氧化碳排放路径 [J]. 中国人口·资源与环境, 2021. 31 (01): 7-14.

[28] 张贤等. 碳中和愿景的科技需求与技术路径 [J]. 中国环境管理, 2021. 13 (01): 65-70.

[29] 翁智雄. 中国实现碳中和远景目标的市场化减排机制研究. 环境保护, 2021. 49 (Z1): 66-69.

[30] Engel, S., S. Pagiola and S. Wunder, Designing payments for environmental services in theory and practice: An overview of the issues [J]. Ecological Economics, 2008. 65 (4): 663-674.

[31] Clements, T., et al., Payments for biodiversity conservation in the context of weak institutions: Comparison of three programs from Cambodia [J]. Ecological Economics, 2010. 69 (6): 1283-1291.

[32] Pagiola, S., et al., Paying for the environmental services ofsilvopastoral practices in Nicaragua. Ecological economics, 2007. 64 (2): 374-385.

[33] Newton, P., et al., Consequences of actor level livelihood heterogeneity for additionality in a tropical forest payment for environmental servicesprogramme with an undifferentiated reward structure [J]. Global Environmental Change, 2012. 22 (1): 127-136.

[34] Galik, C. S. and R. B. Jackson, Risks to forest carbon offset projects in a changing climate [J]. Forest Ecology and Management, 2009. 257 (11): 2209-2216.

[35] Knoke, T., et al., Cost-effective compensation to avoid carbon emissions from forest loss: An approach to consider price-quantity effects and risk-aversion [J]. Ecological Economics, 2011. 70 (6): 1139-1153.

[36] Lovell, H. and D. Liverman, Understanding Carbon Offset Technologies [J]. New political economy, 2010. 15 (2): 255-273.

[37] Yu, B., L. Xu and Z. Yang, Ecological compensation for inundated habitats in hydropower developments based on carbon stock balance [J]. Journal of Cleaner Production, 2016. 114: 334-342.

[38] Wang, W., et al., Spatial and temporal disparities of carbon emissions

and interregional carbon compensation in major function – oriented zones: A case study of Guangdong province [J]. Journal of Cleaner Production, 2020. 245: 118873.

[39] 赵荣钦等. 区域碳补偿研究综述: 机制、模式及政策建议 [J]. 地域研究与开发, 2015. 34 (05): 116 – 120.

[40] 张巍. 区域碳补偿标准及额度研究 [J]. 统计与决策, 2019. 35 (24): 55 – 58.

[41] 万伦来, 林春鑫, 陈艺. 基于相对碳赤字的中国省际碳补偿时空格局研究 [J]. 长江流域资源与环境, 2020. 29 (12): 2572 – 2583.

[42] 贾若祥, 高国力. 地区间建立横向生态补偿制度研究 [J]. 宏观经济研究, 2015 (03): 13 – 23.

[43] 张友国. 中国区域间碳排放转移: EEBT 与 MRIO 方法的比较 [J]. 重庆理工大学学报 (社会科学版), 2016. 30 (07): 17 – 27.

[44] 刘宇, 吕郢康, 周梅芳. 投入产出法测算 CO_2 排放量及其影响因素分析 [J]. 中国人口·资源与环境, 2015. 25 (09): 21 – 28.

第二篇
中国省域推进生态文明发展研究

中国省域在推进生态文明发展研究中,首先将结合我国国情,参考此前国际上相关组织提出的国家生态足迹核算方法,对中国的生态足迹、生态承载力、生态盈亏进行计算。通过对不同省(区、市)的生态资源占用情况进行测算,选取北京市、山西省、四川省作为三种不同类型地区进行案例分析,从而为制定中长期的发展战略提供参考。

其次,基于习近平生态文明思想的内涵,以增长质量、生态质量、环境质量和环境治理四个一级指标为切入点,构建了评价生态文明建设成效的三级指标体系,计算出中国30个省(区、市)的综合指数排名和各个一级指数排名,并以浙江省为例进行说明;采用绿色专利数据衡量绿色科技创新水平,实证分析了绿色科技创新对生态文明建设的影响,并为生态文明建设下绿色科技创新发展提供一些可行性建议。

第四章
中国生态压力情况评估

2021年3月,《中华人民共和国国民经济和社会发展第十四个五年规划和2035年远景目标纲要》正式发布,其中第十一篇指出,要"推动绿色发展,促进人与自然和谐共生""坚持绿水青山就是金山银山理念……实施可持续发展战略,完善生态文明领域统筹协调机制,构建生态文明体系,推动经济社会发展全面绿色转型,建设美丽中国"。我国现阶段正朝着经济高质量发展的快车道不断前行,如何平衡经济发展与生态保护之间的关系,成为当下最为重要的问题之一。为了更客观、准确地对区域生态状况进行衡量评估,需要找到一种简洁、普适的方法对生态环境进行定量评价,本文选取了"生态足迹理论及计算模型"。

生态足迹测度方法通过构建人类生态需求与实际生态承载力之间的生态账户,从而监测目前人类活动对于自然资源的占用程度,并借此分析探寻可持续发展的途径。

本章将结合我国国情,参考此前国际上相关组织提出的国家生态足迹核算方法,对中国的生态足迹、生态承载力、生态盈亏进行计算。通过对不同省(区、市)的生态资源占用情况进行测算,选取北京市、山西省、四川省作为三种不同类型地区进行案例分析,从而为制定中长期的发展战略提供参考。

一、生态盈亏测度

(一) 生态足迹理论

生态足迹测度方法作为近年来学术界广为采用的一种对生态可持续性

进行测算的非货币化方法,由 William E. Rees 在 1992 年首次提出,其博士生 Wackernagel 在 1997 年对这一全新概念作了完善,并对全球 52 个国家及地区 1997 年的生态足迹进行了测算①。生态足迹的定义为:任何已知人口(某个个人、一个城市或一个国家)的生态足迹是生产这些人口所消费的所有资源和吸纳这些人口所产生的所有废弃物所需要的生物生产性土地面积(包括陆地和水域)。②

生态足迹通过将某一区域人类为满足其资源消费、污染物消纳、基础建设支持等所需要的资源和能源消费进行核算,将其一一转化为相对应的生物生产性土地,最后对各种生物生产性土地面积乘以相应的等价因子后进行加总,以调整成为一个全球可比的土地面积。生态足迹将生物服务数量转化为环境空间数量,从而提供不同国家、不同地区之间消费水平及可持续发展水平的比较尺度。

(二) 生态生产性土地

生态生产性土地是指具有生产能力的土地或水域。根据生产力大小的差异,地表的生态生产性土地可以分为六大类,分别是:可耕地、林地、牧草地、渔业用地、建设用地以及化石能源用地(碳吸收用地)。其中,可耕地表示用来种植人类消费的食物和纤维,以及生产牲畜饲料、油料、橡胶等农产品所需的农田;林地表示支持木材、纸浆、薪柴等林木产品生产所需的林地;牧草地表示支持肉、奶、毛、皮畜牧产品生产所需的草地;渔业用地根据渔获数据推算的支持捕捞淡水与海水产品生产所需初级生产量来计算;建设用地表示交通、住房、工业构筑物、水电站、水库等人类基础设施所占用的土地;化石能源用地(碳吸收用地)表示扣除海洋

---

① Wackernagel, M., et al., National natural capital accounting with the ecological footprint concept. Ecological Economics, 1999 (3): 375 - 390.
② 徐中民,程国栋,张志强. 生态足迹方法的理论解析 [J]. 中国人口·资源与环境,2006 (6): 69—78.

碳吸收贡献后,吸收化石燃料燃烧排放二氧化碳所需的森林。[1]

由于建设用地与化石能源用地和前四种类型土地存在本质区别,在生态足迹理论中,建设用地的土地生产力通常与耕地的土地生产力相一致,这是因为,建设用地往往占用的是地区内最肥沃的土地,损失了其原本作为耕地的生产能力;考虑到化石能源的不可再生性,Rees和Wackernagel将化石能源用地定义为"用于吸收化石能源燃烧排放的温室气体的森林",通过化石能源使用的碳排放量,进而估计其占用的环境(林地)空间。

(三) 生态足迹计算模型

生态足迹账户分类方法和计算方法通常有两种,即综合法和成分法。综合法以各类物质的宏观统计数据为基础,计算一个地域或群体对各类物质的整体消费及其对应的生态足迹,适用于全球、国家和区域层次的生态足迹研究。成分法则以构成消费成分的单体测量结果为基础计算研究对象的物质消费量和生态足迹,适用于小单元对象的生态足迹计算,如城镇、村庄、公司、学校、个人或单项活动等。[2]

本报告测算采用综合法。

1. 参数说明

(1) 等价因子

等价因子(equivalence factor),也称均衡因子。在生态足迹的测算中包含六种生态生产性土地,不同类型土地的生产力存在较大差异,如耕地的平均生产率就显著高于地球上其他生态生产性土地(含水域)的平均生产率。为了能够体现这种差异,Wackernagel提出了等价因子的概念,从而将不同类型的生物生产性土地转换为统一可比的国际单

---

[1] 中国生态足迹与可持续发展研究报告 2014 [EB/OL]. http://www.wwfchina.org/content/press/publication/2014/CN2014footprint.pdf.
[2] 谢鸿宇,王羚郦,陈贤生,等. 生态足迹评价模型的改进与应用 [M]. 北京:化学工业出版社,2008.

位,即全球公顷。参见表2-1。

表2-1 不同类型生态生产性土地的等价因子

土地类型	可耕地	林地	草地	水域	建设用地	化石能源用地
等价因子	2.499	1.262	0.453	0.360	2.499	1.262

资料来源:全球足迹网络2021年最新发布的数据结果(2018年度数据)。

(2)产量因子

产量因子(yield factor),也称产出因子、生产力系数。该参数用于衡量不同国家之间同类型生态生产性土地生产力差异的系数,由某一地区的某类生态生产性土地的平均生产力与其相应土地类型的世界平均生产力比值获得。产量因子的提出与运用,使得各地区同种生态生产性土地能够进行比较。参见表2-2。

需要注意的是,与等价因子不同,考虑到因化石能源消耗而损失掉的自然资本是无法再生的,因此,在国家或地区生态承载力的测算中,不纳入化石能源用地,该土地对应的产量因子也就不予计算。

表2-2 不同生态生产性土地面积的产量因子

土地类型	可耕地	林地	草地	水域	建设用地
产量因子	1.954	1.183	0.813	1.268	1.954

资料来源:全球足迹网络2021年最新发布的数据结果(中国2018年度数据)。

从表2-2中可以发现,建设用地与可耕地的产量因子相等,这是因为人类的大部分建成地都位于可耕地上,占据了人类生存所需的生物资源用地。

综合以上两点,学者们将不同国家、不同土地之间测算得到的足迹结果进行折算,实现了生态足迹的统一性、可比性,从而得出对全球的生态占用程度以及可持续发展水平的基本判断。

2. 生态足迹测算方法

国家或地区的生态足迹可以写为:

$$EF = N \cdot ef = N \times \sum_{j=1}^{6} (r_j \times aa_j) \tag{1}$$

式中，N 为国家或地区人口数量，ef 为人均生态足迹，r_j 为等价因子，aa_j 为第 j 类生物生产性土地面积。

$$aa_j = \cdot \sum_{i=1}^{n} \left(\frac{C_i}{P_i}\right) \tag{2}$$

式中，C_i 为第 i 种产品的人均年消费量，P_i 为第 i 种产品的平均生产能力。

利用以上计算方法，即可测算不同国家或地区的生态足迹。

3. 生态承载力测算方法

国家或地区的生态承载力的计算方法如下：

$$BC = N \times bc = N \times \sum_{j=1}^{5} (a_j \cdot r_j \cdot y_j) \tag{3}$$

式中，N 为人口数量，bc 为人均生态承载力。a_j 为人均年占有的第 j 类生态生产性土地面积，r_j 为等价因子，y_j 为产量因子。产量因子因各国及地区之间的土地质量情况与产量水平不同而存在差异。需要注意的是，世界环境与发展委员会的报告《我们共同的未来》建议，生态承载力中应扣除 12% 的土地面积以保护生物多样性，因此，应将其乘以 0.88 的份额作为国家或地区生态承载力的最终结果。

4. 生态盈亏

通过比较一个国家或地区的生态足迹与生态承载力，可以得到其生态盈亏程度。计算方法如下：

$$EB = BC - EF \tag{4}$$

求得生态承载力与生态足迹之差。当生态足迹大于生态承载力，即结果为负时，称为生态赤字，表明该地区的地区发展模式处于相对不可持续状态，差额越大，生态压力越大。当生态足迹小于生态承载力，即结果为正时，称为生态盈余，表明当下该地区的生态容量足以支持其人类负荷，其发展模式具有相对可持续性，暂不存在生态压力。

二、全国生态盈亏结果时空演变分析

(一) 数据来源

基于多位学者此前的相关研究,本报告沿用上文中提到的生态足迹理论方法对2005—2020年我国30个省(区、市)的生态足迹、生态承载力及生态盈亏结果进行了测算[①]。数据来源于《中国统计年鉴》,各省、市、自治区《统计年鉴》,《中国农村统计年鉴》《中国环境统计年鉴》《国家生态足迹账户》、世界自然基金会及全球足迹网络等。

(二) 历年生态盈亏数据结果

1. 全国结果

经过计算,并结合全球足迹网络公布的最新数据,我们得到了中国2000—2020年的生态足迹和生态承载力结果。结合图2-1分析,可以看出,2000—2013年,我国人均生态足迹持续增长,在2013年达到历史最高位,自2000年的1.9201公顷上升到了2013年的3.7203公顷,增幅约为93.76%,平均每年增长幅度约为7.21%。2014—2020年,我国人均生态足迹开始出现回落,并逐年下降,2020年人均生态足迹为3.5012公顷。

与人均生态足迹相比,人均生态承载力的变化并不明显,虽然有小幅增长,但增长率仅为7.99%,近20年只提高了0.0711公顷。综合来看,我国自2000年以来,一直处于生态赤字状态,尽管自2014年开始逐年回落,但生态压力一直处于较高程度。

---

① 不包括我国港澳台地区、西藏地区(因数据缺失)。

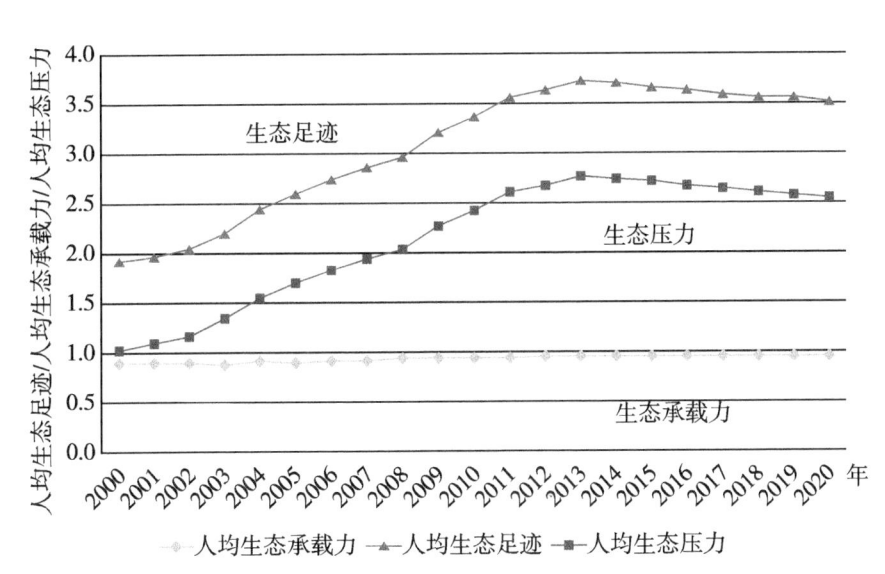

图 2-1　2000—2020 年中国生态足迹与生态承载力变化

2. 省际结果

经过计算，得到了 2005—2020 年我国各省（区、市）的生态盈亏结果。表 2-3 展示了我国 30 个省（区、市）2005 年、2010 年、2015 年和 2020 年生态盈亏的结果。

表 2-3　分地区生态盈亏结果（2005 年、2010 年、2015 年、2020 年）

EB_i（公顷）	2005 年	2010 年	2015 年	2020 年
安徽	-0.195	-0.517	-0.654	-0.906
北京	-0.598	-0.568	-0.782	-0.833
福建	-0.421	-1.027	-1.199	-1.473
甘肃	0.420	0.376	0.189	0.048
广东	-0.538	-0.649	-0.775	-0.904
广西	0.015	-0.179	-0.522	-1.209
贵州	-0.300	-0.573	-0.282	-0.489

续表

EB_i（公顷）	2005 年	2010 年	2015 年	2020 年
海南	-0.066	-0.377	-0.492	-0.721
河北	-0.317	-0.534	-0.708	-0.888
河南	-0.215	-0.386	-0.490	-0.517
黑龙江	1.072	0.905	1.678	2.130
湖北	-0.144	-0.122	-0.233	-0.301
湖南	0.362	-0.439	-0.190	-0.420
吉林	0.292	0.240	0.480	0.594
江苏	-0.644	-0.964	-1.252	-1.346
江西	-0.098	-0.085	-0.196	-0.391
辽宁	-0.422	-0.636	-0.754	-0.872
内蒙古	1.544	0.339	-0.622	-1.894
宁夏	-0.643	-1.638	-3.176	-4.914
青海	2.784	2.624	2.527	0.483
山东	-0.477	-0.770	-1.225	-1.397
山西	-0.923	-1.343	-1.705	-2.225
陕西	-0.024	-0.345	-0.562	-0.926
上海	-1.228	-1.191	-1.219	-1.271
四川	0.126	0.092	0.166	0.126
天津	-1.004	-1.301	-1.474	-1.687
新疆	1.129	0.736	-1.054	-2.026
云南	0.572	0.157	0.530	0.459
浙江	-0.560	-0.901	-0.945	-0.993
重庆	-0.125	-0.101	-0.206	-0.315

从表2-3中可以发现，2005年20个地区的生态盈亏为负值，即生态足迹大于生态承载力，存在生态压力，区域的可持续发展存在威胁；这一数量在2018年达到24个，即仅有6个地区处于生态盈余状态，区域的可持续发展仍可继续进行。结合中国生态压力在统计年份内的变化，我们不难推断，尽管全国生态赤字的严峻程度有所减轻，但仍有多个省（区、市）生态状况不容乐观。此外，黑龙江省、吉林省、青海省、云南省、四川省、甘肃省在

统计年份内，生态压力均为正值，生态足迹的结果始终低于生态承载力，这可能与当地较为丰富的自然资源和大量尚未开发的自然区域有较大关系；山西省、新疆维吾尔自治区、内蒙古自治区等地在统计年份内，生态赤字情况逐年恶化，这或许与以上地区极大的资源外流有较为密切的关系。

利用 Arcgis10 软件，我们对 2005 年、2010 年、2015 年及 2020 年中国省际维度下的生态盈亏时空演变做了直观的展示，可以发现，西部地区及内蒙古和东北各省市始终维持较低的生态压力，而东部沿海各地区则保持较高的生态占用程度，生态压力较大。此外，也有部分地区在该时间跨度内生态环境问题有所改善，生态赤字逐年缩小，从第三、第二梯队逐步向第二、第一梯队进发，如广东省、湖南省、江苏省。

综上所述，我国不同省（区、市）之间的生态资源水平差异悬殊，既存在生态盈余、可持续发展程度较高的地区，也有不少生态占用水平过高、常年生态赤字的省份，仅仅考虑区域间自然资源禀赋的差异显然是不客观的，还需要结合区域经济发展的要求。因此，笔者将分别选取三个不同类型的省（区、市）进行专题分析。

三、省际生态盈余情况专题分析

通过进一步分析不同省（区、市）之间的自然资源禀赋及经济发展情况，同时结合生态文明建设示范区及试点工作的开展进程，本报告选取北京市、山西省和四川省三个区域，分别从经济水平层级、自然资源富裕程度两个方面进行评估，将其作为发达经济水平&低自然资源禀赋类型、普通经济水平&高自然资源禀赋类型和中等经济水平&自给自足自然禀赋类型的代表省（区、市）进行具体分析。

（一）发达经济水平&低自然资源禀赋类型——北京市

1. 生态足迹

生态足迹的计算包括两个部分，分别是生物资源消费足迹与能源消费足迹。其中，生物资源的消费分为农产品、动物类产品、水产品、林产品等共 12 个品种，具体为粮食（原粮）、食用油、蔬菜及食用菌、猪肉、牛肉、羊肉、禽类、水产品、蛋类、奶类、干鲜瓜果类和木材。根据北京市的平均单产水平，运用生态足迹模型，计算得到以下的生物资源消费足迹。另外，能源消费足迹解释了居民日常生活中对于能源的占用，其中化石能源用地包括但不限于煤炭、焦炭、原油、石油、汽油、煤油、柴油、燃料油、液化石油气和天然气等能源的消耗情况，建设用地则反映了城市建设和电力消耗对于生态环境的占用情况。通过计算能源消费产生的二氧化碳排放，从而得到北京市的能源消费足迹。两者相加后即得到北京市当年的生态足迹。表 2-4 为北京市 2005 年、2010 年、2015 年、2020 年人均生态足迹的计算结果。

表 2-4　北京市 2005 年、2010 年、2015 年、2020 年人均生态足迹（分土地）

年份	耕地（公顷/人）	牧草地（公顷/人）	林地（公顷/人）	水域（公顷/人）	建设用地（公顷/人）	化石能源用地（公顷/人）	人均生态足迹
2005	0.1087	0.1218	0.0037	0.0006	0.1607	0.3571	0.7525
2010	0.0981	0.1066	0.0085	0.0001	0.1547	0.3254	0.6935
2015	0.0938	0.2048	0.0103	0.0002	0.2079	0.3839	0.9010
2020	0.1057	0.2277	0.0179	0.0003	0.2140	0.3793	0.9450

2. 生态盈余状况

通过计算生态承载力与生态足迹的差值，可以得到北京市的生态盈亏结果，从而分析北京市的可持续发展水平。图 2-3 展示了北京市 2005—2020 年人均生态承载力、人均生态足迹、人均生态压力的变化过程。

3. 讨论与分析

结合表 2-4 与图 2-3 可以看出：从 2005 年到 2020 年，北京市的人均生态足迹虽然在个别年份有所下降，但整体呈增长趋势，统计期内增幅达 25.58%。值得注意的是，牧草地这一足迹的增幅要显著高于其他土地

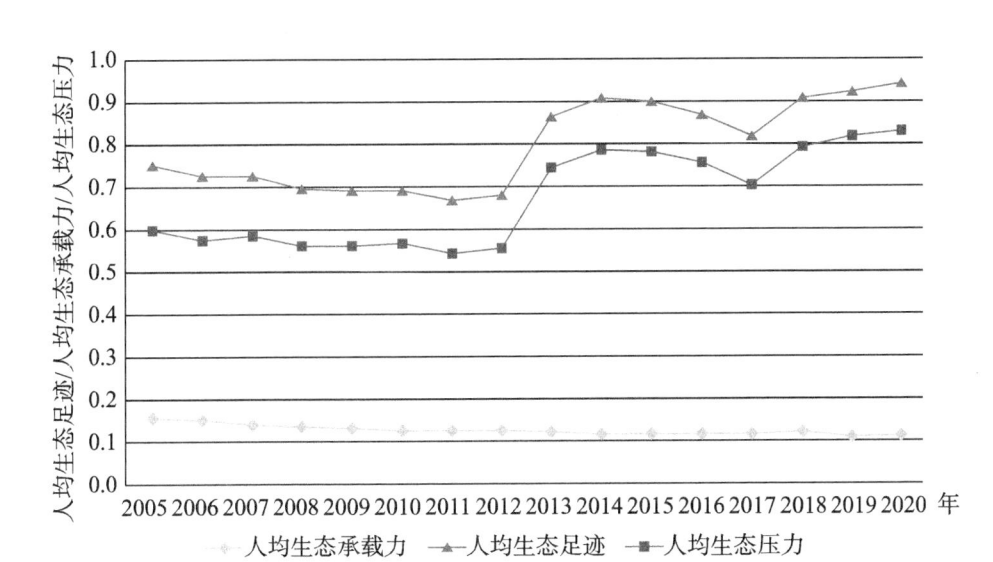

图 2-3 北京市生态盈亏结果变化（2005年、2010年、2015年、2020年）

品类，究其原因，主要是人民生活水平日益提高，牛羊肉及奶类制品的消耗量逐年增加。此外，北京市2020年人均化石能源用地相较2015年，从0.3839公顷下降至0.3793公顷，尽管降幅比较小，但这与北京市近年来工业企业能源消耗结构转型以及生态文明建设践行落实有较为密切的关系。

分析图2-3可得出，北京市的人均生态承载力一直低位运行，单靠北京市自身拥有的自然资源已经无法支撑经济和社会的发展，对省外资源存在依赖性。考虑到北京特殊的城市属性，较高的生态压力也存在一定的合理性。在保持经济持续发展的前提下，如何统筹运用北京市本地与周边城市的资源是各级部门需要重点关注的热点问题。

积极优化首都营商环境，大力推进产业结构升级是一项有效的解决措施。北京市曾在2018年7月出台《推进京津冀协同发展2018—2020年行动计划》（下称"三年计划"），"三年计划"提出"将坚持疏控并举，不断优化提升首都功能，实现高质量发展。本市将加快一般制造业企业疏解退出步伐，到2020年，再退出1000家左右一般制造业企业,实现'散乱污'企业'动态清零'"。

聚焦生态资源关键问题,也要加速推进绿色背景战略。2021年3月,北京市委、北京市人民政府发布《北京市关于构建现代环境治理体系的实施方案》,首都生态文明制度体系不断完善。

(二) 普通经济水平 & 高自然资源禀赋类型——山西省

1. 生态足迹

通过测算生物资源消费足迹与能源消费足迹,得到以下数据。表2-5为山西省2005年、2010年、2015年、2020年生态足迹的计算结果。

表2-5 山西省2005年、2010年、2015年、2020年人均生态足迹(分土地)

年份	耕地 (公顷/人)	牧草地 (公顷/人)	林地 (公顷/人)	水域 (公顷/人)	建设用地 (公顷/人)	化石 能源用地 (公顷/人)	人均 生态足迹
2005	0.1965	0.0235	0.0026	0.0001	0.4003	0.8840	1.5070
2010	0.1537	0.0324	0.0023	0.0001	0.6075	1.1358	1.9319
2015	0.1311	0.0874	0.0067	0.0000	0.6757	1.4289	2.3299
2020	0.1394	0.1045	0.0132	0.0003	0.8782	1.7576	2.8933

2. 生态盈余状况

通过计算生态承载力与生态足迹的差值,可以得到山西省的生态盈亏结果,从而分析山西省的可持续发展水平。图2-4展示了山西省2005—2020年人均生态承载力、人均生态足迹、人均生态压力的变化过程。

3. 讨论与分析

结合表2-5与图2-4可以看出:从2005年到2020年,山西省的人均生态足迹逐年攀升,且始终处于高位,统计期内近乎翻番,增幅达91.99%。具体来看,山西省作为资源型城市之一,其人均化石能源用地足迹占人均总生态足迹的比重一直较高,2020年占比超过60%,且在可预见的未来仍将保持较高的增长速度。山西省长久以来都以煤炭行业作为经济发展的重要支撑,这使得全省的产业结构严重畸形,并且陷入了"资源诅

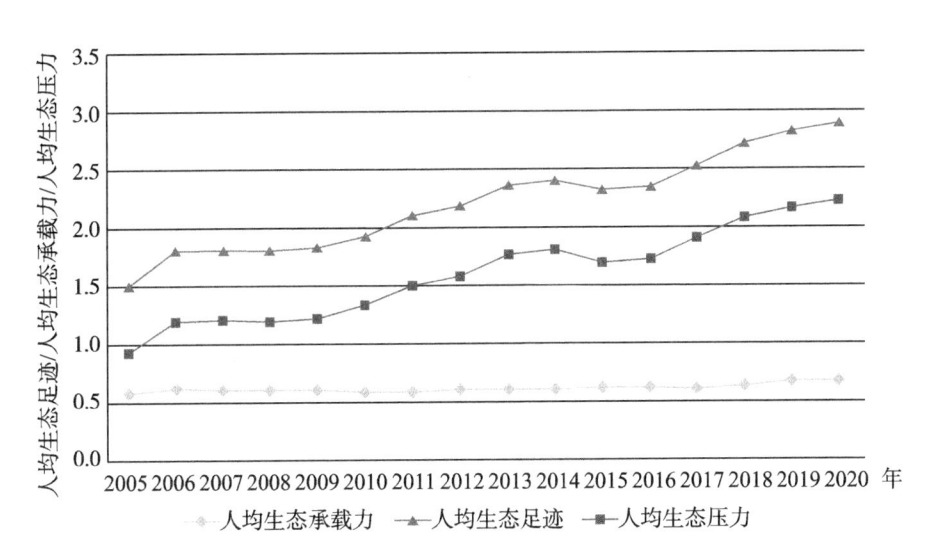

图 2-4 山西省生态盈亏结果变化（2005年、2010年、2015年、2020年）

咒"的陷阱难以脱离。山西省整体以及各资源型城市如果想要实现转型发展，就必须从原本的经济结构中跳出来，敢于突破，敢于迈出改革的第一步，才有可能寻求到经济转型发展的新动能。

一要坚持创新驱动产业革命，构建多元全新产业体系。2020年12月，山西省工业和信息化厅发布《加大工业固废资源综合利用和污染防治，促进全省绿色转型高质量发展工作方案》，为进一步促进全省工业废弃物减量化、资源化、无害化，加快推进生产方式绿色化提供政策支持。朝着做"优"传统产业、做"大"新兴产业、做"活"现代服务业三个方向持续努力。做"优"传统产业，就是要优化现有资源高度依赖性产业，如煤炭加工、石油炼化、钢铁有色等，坚定传统产业改造的决心，不断延伸其产业链条，实现循环经济。做"大"新兴产业，就是要充分发挥比较优势，适应市场需求的变化，大力发展优势产业、替代产业、新兴产业，努力培育新兴支柱产业，寻找新的经济增长极。做"活"现代服务业，就是要通过发展服务业来调动省内资源型城市的发展活力。依托资源优势，可以建立煤炭、原油、矿石等资源产品的产业托管与咨询服务；结合文化时代背景，在做好资源保护的前提下，鼓励发展旅游业。

二要协同联合周边兄弟省份,快速打通高质量城市圈。2021年4月,中共中央、国务院《关于新时代推动中部地区高质量发展的意见》中指出,要支持山西中部城市群建设,增强太原等区域中心城市辐射带动能力。2022年3月,山西省出台《关于支持和保障山西中部城市群高质量发展的决定》,多项文件的陆续出台,将进一步改善中部地区发展不平衡不充分的问题,生态绿色发展格局也将同步巩固提升。

(三) 中等经济水平 & 自给自足自然禀赋类型——四川省

1. 生态足迹

通过测算生物资源消费足迹与能源消费足迹,得到以下数据。表2-6为四川省2005年、2010年、2015年、2020年人均生态足迹的计算结果。

表2-6 四川省2005年、2010年、2015年、2020年人均生态足迹(分土地)

年份	耕地 (公顷/人)	牧草地 (公顷/人)	林地 (公顷/人)	水域 (公顷/人)	建设用地 (公顷/人)	化石 能源用地 (公顷/人)	人均 生态足迹
2005	0.1708	0.0143	0.0177	0.0002	0.0541	0.1229	0.3799
2010	0.1419	0.0132	0.0339	0.0002	0.0856	0.1883	0.4631
2015	0.1605	0.0633	0.0344	0.0004	0.0797	0.1852	0.5234
2020	0.1442	0.0699	0.0439	0.0004	0.0946	0.1919	0.5448

2. 生态盈余状况

通过计算生态承载力与生态足迹的差值,可以得到四川省的生态盈亏结果,从而分析四川省的可持续发展水平。图2-5展示了四川省2005—2020年人均生态承载力、人均生态足迹、人均生态压力的变化过程。

3. 讨论与分析

结合表2-6与图2-5可以看出:从2005年到2020年,四川省人均生态足迹虽然有小幅增长,但总体处在较低水平,2020年人均生态足迹仅

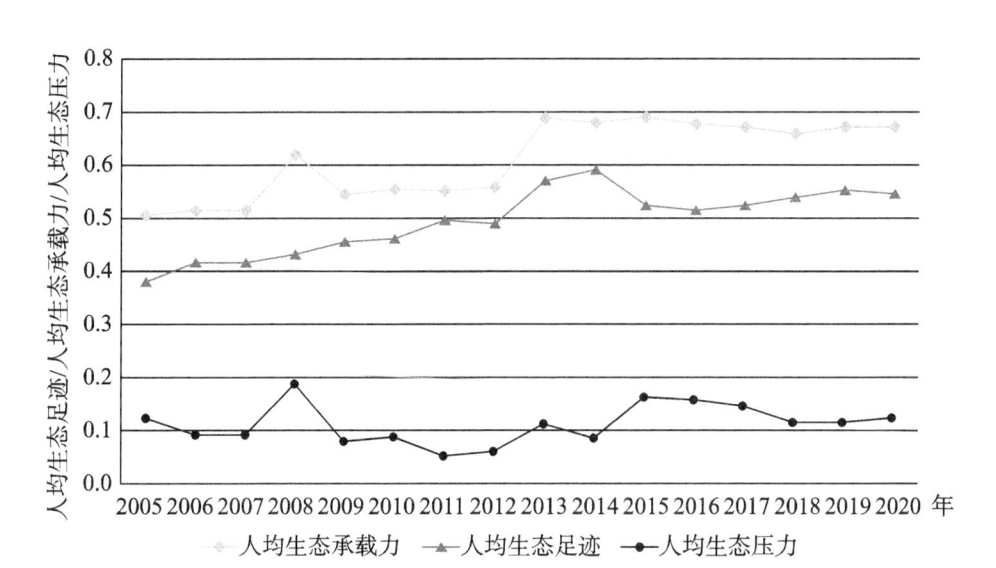

图 2-5　四川省生态盈亏结果变化（2005年、2010年、2015年、2020年）

为0.5448公顷，这一数据仅为全球足迹网络测算的2020年度中国人均生态足迹3.5012公顷的1/7左右。具体来看，四川省人均生态足迹贡献率最高的土地类型分别是耕地足迹和化石能源用地足迹，这两项数据在统计年份内基本保持稳定，其中耕地足迹还出现一定程度的下降。这得益于四川省在绿色动能、环保资源方面持续作出的努力。近年来，四川省风力发电、水力发电、太阳能发电等清洁能源以及各类绿色产业迅速崛起，2021年度规模以上企业水力发电量达3531.4亿千瓦时，规模以上企业天然气产量达到522.2亿立方米，均居全国第一。另外，2021年四川省非化石能源消费占比达到39.5%，位居全国前列，比全国整体水平（16.6%）高出近23个百分点。

一要完善优化政策法规体系，积极推进公众参与监督。1991年，《四川省环境保护条例》正式出台，代表着四川省从法规层面正式开启了生态环境保护工作；2007年，《四川省"十一五"生态建设和环境保护规划》发布，正式形成了生态建设和环境保护的五年规划单项纲领性文件；2016年，《四川省生态文明体制改革方案》正式发布；2017年，《四川省环境保护条例》大篇幅修改；2021年，四川省人民政府办公厅发布《关于健全生态环境问题发现机制的实施意见》。随着四川省政府生态保护政策法规体系的不断深化细化，生态环境总体状况基本保持稳定，且逐渐向好发展。

二要探索总结样板示范经验，全面落实生态文明理念。要特别注意的是，统计年份内，四川省人均生态承载力始终能够覆盖其人均生态足迹，因此图2-5中用人均生态盈余表示，以实现与前文中人均生态压力的区分。四川省作为我国西南地区的重要省份，地处长江上游，水资源及生态资源非常丰富，被称为"千河之省"，享有"天府之国"的美誉。在巩固现有自然资源的前提下，四川省近年来还积极开展生态文明建设试点示范，先后建成国家生态文明建设示范县、国家"绿水青山就是金山银山"实践创新基地共17个（稻城县、邛崃市、盐亭县、峨眉山市、仪陇县、九寨沟县、锦江区、武侯区、青白江区、金口河区、青神县、天全县、通江县、松潘县、平昌县、泸定县、荥经县），形成了一批具有借鉴意义的生态治理模式。

第五章

中国省际生态文明践行效果评价生态文明建设评价指标体系

一、生态文明建设评价指标体系的建立

(一) 指标选取

2021年7月7日，经党中央批准，我国在生态环境部成立习近平生态文明思想研究中心。习近平生态文明思想是习近平新时代中国特色社会主义思想的重要组成部分，是习近平总书记立足新时代生态文明建设实践创造形成的重大理论成果，是建设社会主义生态文明的科学指引和强大思想武器，内涵丰富，意义深远。本文从习近平生态文明思想的丰富内涵出发，构建了评价生态文明建设成效的指标体系，见表2-7。

表2-7 生态文明建设评价指标体系

一级指标	二级指标	三级指标	指标方向
增长质量	发展水平	人均国内生产总值（元）	+
		居民人均可支配收入（元）	+
		第三产业增加值占GDP比重（%）	+
	发展创新	人均R&D经费支出（元/人）	+
		国内专利申请授权量（件）	+

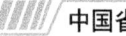

续表

一级指标	二级指标	三级指标	指标方向
生态质量	生态承载	生态承载力（公顷）	+
		人均水资源量（立方米/人）	+
		森林覆盖率（%）	+
	资源消耗	单位地区生产总值水耗（立方米/万元）	−
		单位地区生产总值能耗（吨标煤/万元）	−
		单位地区生产总值电耗（千瓦小时/万元）	−
环境质量	污染排放	单位地区生产总值二氧化硫排放量（吨/亿元）	−
		单位地区生产总值化学需氧量排放量（吨/亿元）	−
		单位地区生产总值氮氧化物排放量（吨/亿元）	−
		单位地区生产总值氨氮排放量（吨/亿元）	−
		单位地区生产总值二氧化碳排放量（吨/亿元）	−
	化肥农药使用量	单位耕地面积化肥使用量（千克/公顷）	−
		单位耕地面积农药使用量（千克/公顷）	−
环境治理	工业废气废水治理	工业废水治理设施数（套）	+
		工业废水治理设施处理能力（万吨/日）	+
		工业废气治理设施（套）	+
		工业废气治理设施处理能力（标态）（万立方米/时）	+
	环境投资水平	工业污染治理投资总额占地区生产总值比重（%）	+

该指标体系包含三级指标，其中一级指标包含增长质量、生态质量、环境质量、环境治理四级，每个一级指标包含两个二级指标，其中，增长质量包含发展水平和发展创新两个二级指标，生态质量包含生态承载和资源消耗两个二级指标，环境质量包含污染排放和化肥农药使用量两个二级指标，环境治理包含工业废气废水治理和环境投资水平两个二级指标。每个二级指标又包含若干个三级指标，共23个三级指标。

三级指标中，二氧化碳排放量没有较为准确的统计值，但考虑到其对环境质量水平的影响不容忽略，故单位地区生产总值二氧化碳排放量按照空值处理。本文使用的研究样本为2011—2019年中国30个省级行政区的面板数据，受数据收集的限制，不包括港澳台地区和西藏自治区。底层指标的计算中，涉及地区生产总值的指标，均以2010年为基期剔除价格因素计算得到。为方便计算，对方向为"－"的指标求倒数，利用极差变化法将指标进行标准化，再使用加权平均的方法求出综合指数。

（二）省际生态文明建设评价结果

根据生态文明建设评价指标体系计算出 30 个省（区、市）的综合指数排名和各个一级指标指数排名，表 2-8 展示了 2011—2019 年排名前十的省市，详细排名见附录。2011—2019 年，北京、浙江、广东、上海、江苏、天津一直处于前十名，北京的生态文明建设评价指数始终排名第一，说明北京在经济发展、生态保护、绿色环保、环境治理等方面的综合水平较高，这可能是因为北京在生态文明建设的进程中注重人与自然和谐共生的新生态自然观，努力践行"绿水青山就是金山银山"的发展理念。

表 2-8　2011—2019 年生态文明建设评价结果

排序	2011 年	2012 年	2013 年	2014 年	2015 年	2016 年	2017 年	2018 年	2019 年
1	北京	北京	北京	北京	北京	北京	北京	北京	北京
2	浙江	浙江	浙江	浙江	浙江	浙江	上海	上海	上海
3	广东	广东	广东	广东	广东	天津	浙江	广东	浙江
4	上海	江苏	江苏	上海	上海	上海	天津	浙江	广东
5	江苏	上海	上海	江苏	江苏	广东	江苏	天津	天津
6	辽宁	天津	天津	天津	天津	江苏	广东	江苏	江苏
7	天津	福建	福建	福建	福建	福建	重庆	重庆	重庆
8	福建	山东	山东	山东	黑龙江	重庆	福建	福建	福建
9	山东	黑龙江	黑龙江	黑龙江	山东	山东	山东	山东	山东
10	陕西	江西	江西	辽宁	辽宁	黑龙江	黑龙江	四川	四川

（三）浙江省生态文明建设评价结果分析

多年来，浙江省坚持以"八八战略"为总纲，在生态文明建设中取得了巨大成就。

根据省际生态文明建设指数的评价结果，浙江省生态文明建设指数

2011—2019年在全国的排名均在前五位，其中2011—2016年浙江省生态文明建设指数位居第二，仅次于北京；2017年和2019年排名第三，仅次于北京和上海；2018年排名第四，仅次于北京、上海和广东。

2020年中国生态环境状况年报全国县域生态质量分布示意图中浙江省为深绿色，这说明浙江省县域生态质量为优秀的比例很大，进一步说明了浙江省生态环境质量较好。

从增长质量指数来看，浙江省2011—2019年增长质量指数均排名前五位，其中2011—2013年、2016—2019年浙江省增长质量指数排名第四，2014年和2015年浙江省增长质量指数排名第三。从生态质量来看，浙江省生态质量排名始终位于前十名。2011年生态质量指数排名第六，2012年排名第五，2013—2016年排名第七，2017年排名第八，2018年和2019年排名第六。从环境质量来看，2011—2015年浙江省环境质量指数在30个省份的排名位于10~15名，2016—2019年浙江省的环境质量排名提升到前十名。从环境治理来看，浙江省环境治理指数排名情况一直位于前五名，其中2016年浙江省环境治理指数在30个省份中排名第一。

图2-7展示了2011—2019年浙江省生态文明建设指数、增长质量指数、生态质量指数、环境质量指数、环境治理指数的变化情况。总体来看，浙江省生态文明建设指数从2011—2019年呈上升趋势，增长质量指数、生态质量指数、环境质量指数和环境治理指数总体上也呈现上升趋势，生态质量指数最大，环境质量指数最小。

二、绿色科技创新对生态文明建设的影响

（一）绿色科技创新的评价方法

绿色科技创新是以人与自然和谐共生为目标导向的原创性科学发现与技术创新活动的统称。

不少学者针对绿色科技创新展开了研究，研究者普遍使用绿色专利来

第五章　中国省际生态文明践行效果评价生态文明建设评价指标体系

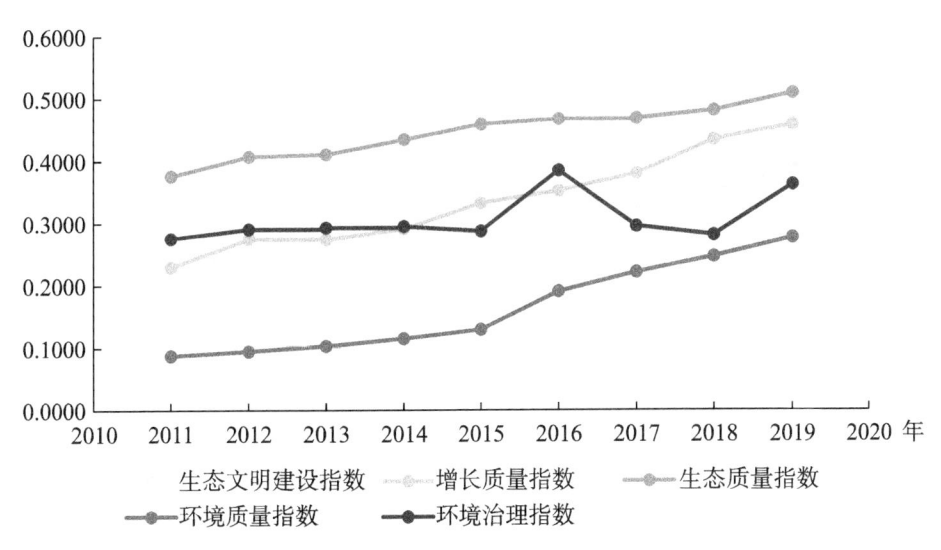

图 2-7　2011—2019 年浙江省生态文明建设指数等五个指数的变化情况

衡量绿色科技创新能力。1992 年，联合国大会通过了《联合国气候变化框架公约》（UNFCCC），提出了环境保护无公害技术清单（Environmentally Sound Technologies，ESTs）。在此基础上，2010 年，在世界权威机构世界知识产权组织（WIPO）的领导下，IPC 专家委员会制定了《国际专利绿色分类清单》（IPC Green Inventory），这是目前世界上较为权威的对绿色科技创新的界定标准。近年来，关于绿色科技创新与环境规制、绿色科技创新与生态文明建设的相关研究也越来越多。陶锋等[1]研究了环境规制对绿色技术创新的影响，研究结果显示，环保目标责任制的实施虽然促进了绿色专利申请数量的扩张，但也导致了相关创新活动质量的下滑。刘贝贝等[2]用 R&D 人员数、R&D 折合全时人员数量、科技活动经费内部支出、"生态""绿色"相关专利数量作为衡量黄河流域绿色科技创新的指标，使用各省 2009—2018 年度指标相关数据研究了黄河流域地区科技创新基础、科技创

---

[1] 陶锋，赵锦瑜，周浩. 环境规制实现了绿色技术创新的"增量提质"吗：来自环保目标责任制的证据 [J]. 中国工业经济，2021（2）：136—154.
[2] 刘贝贝，左其亭，刁艺璇. 绿色科技创新在黄河流域生态保护和高质量发展中的价值体现及实现路径 [J]. 资源科学，2021，43（2）：423—432.

新投入及绿色科技创新成果的现状，研究结果显示：黄河流域科技创新基础及科技创新投入的水平均不理想，亟待提高，存在可观的提升空间。王婧等[1]用336个城市2000—2019年绿色专利联合申请信息作为衡量城市绿色创新空间关联网络结构特征的指标，使用复杂网络分析方法和空间计量模型研究了绿色创新空间关联网络的结构特征和对城市绿色创新的影响效应，研究结果显示：城市绿色创新合作呈现典型的网络结构，网络中存在较为活跃的绿色创新协作关系，城市绿色创新空间关联网络呈现出典型嵌套性结构，绿色创新空间关联网络对城市绿色创新水平的提升存在显著的影响。卓志衡等[2]用发明专利授权项和实用新型专利授权数量作为衡量绿色科技创新水平的指标，运用VAR模型研究了绿色科技创新对实体经济发展影响的动态互动关系，研究结果显示：绿色科技创新与实体经济发展存在正向协整关系，绿色科技创新对实体经济发展具有促进作用，但存在一定滞后性。刘在洲等[3]用发明专利和实用新型专利授权数之和作为绿色技术创新的衡量指标，用财政支出总额与GDP的比值作为衡量财政投入程度的指标，构建空间固定效应的动态空间杜宾模型来研究绿色技术创新、财政投入对产业结构升级的影响，研究结果显示：长江经济带绿色技术创新、财政投入对产业结构升级具有显著促进作用，而绿色技术创新和财政投入的交互项对本省市产业结构升级的影响显著为负，对周边省市的影响不显著。卓志衡等基于湖北省1990—2017年的数据，运用VAR模型对绿色科技创新与实体经济发展的动态互动进行分析，使用发明专利授权数量、新型专利授权数量刻画绿色科技创新水平。

结合现有研究方法，本文采用绿色专利数据衡量绿色科技创新水平，这是因为专利数据具有标准化、信息化、规模化等特征，能够较好地衡量

---

[1] 王婧，杜广杰. 中国城市绿色创新空间关联网络及其影响效应[J]. 中国人口·资源与环境，2021，31（5）：21—27.

[2] 卓志衡，侯玉巧，汪发元. 绿色科技创新对实体经济发展影响的动态互动分析：基于1990—2017年湖北省数据分析[J]. 长江技术经济，2019，3（3）：102—109.

[3] 刘在洲，汪发元. 绿色科技创新、财政投入对产业结构升级的影响：基于长江经济带2003—2019年数据的实证分析[J]. 科技进步与对策，2021，38（4）：53—61.

第五章　中国省际生态文明践行效果评价生态文明建设评价指标体系

创新能力。绿色专利数据的获取来源是国家知识产权局专利检索及分析网站，获取并识别了30个省份2011—2019年的绿色发明专利授权数量和绿色实用新型专利授权数量。

(二) 我国绿色科技创新情况概述

绿色科技革新了传统的人与自然的对立关系，在其主导下进一步促进经济发展方式的根本转变，克服功利层面的向自然界大肆掠夺资源的人类中心主义弊端，在治理因过去发展对生态所造成的破坏的前提下获得较大的经济发展，进而促进人类可持续发展，构建人与自然和谐共生的命运共同体。[①]

近些年，我国出台多项政策文件支持绿色科技发展，以农业为例，2017年，中共中央办公厅、国务院办公厅印发《关于创新体制机制推进农业绿色发展的意见》，其中提道，要构建支撑农业绿色发展的科技创新体系。完善科研单位、高校、企业等各类创新主体协同攻关机制，开展以农业绿色生产为重点的科技联合攻关。在农业投入品减量高效利用、种业主要作物联合攻关、有害生物绿色防控、废弃物资源化利用、产地环境修复和农产品绿色加工储藏等领域尽快取得一批突破性科研成果。完善农业绿色科技创新成果评价和转化机制，探索建立农业技术环境风险评估体系，加快成熟适用绿色技术、绿色品种的示范、推广和应用。借鉴国际农业绿色发展经验，加强国际间科技和成果交流合作。[②]

图2-8展示了我国2011—2019年绿色专利数量的变化情况，由图可知，我国绿色专利总量整体上呈现上升趋势。绿色发明专利授权数量和绿色新型专利授权数量整体上均呈现上升趋势，但是绿色实用新型的专利授权数量增长速度较慢，且总数低于绿色发明专利授权数量。

浙江省自2002年提出生态省建设战略以来，在浙江全省掀起了一场全方位、系统性的绿色革命，初步形成了经济强、生态好、百姓富的现代化发

[①] 袁祖社，许逸颖. 绿色科技创新与美好生活的价值逻辑：五大发展理念视域下科技价值观的重构 [J]. 河南师范大学学报 (哲学社会科学版), 2019, 46 (5): 66—71.

[②] 生态环境部官网。

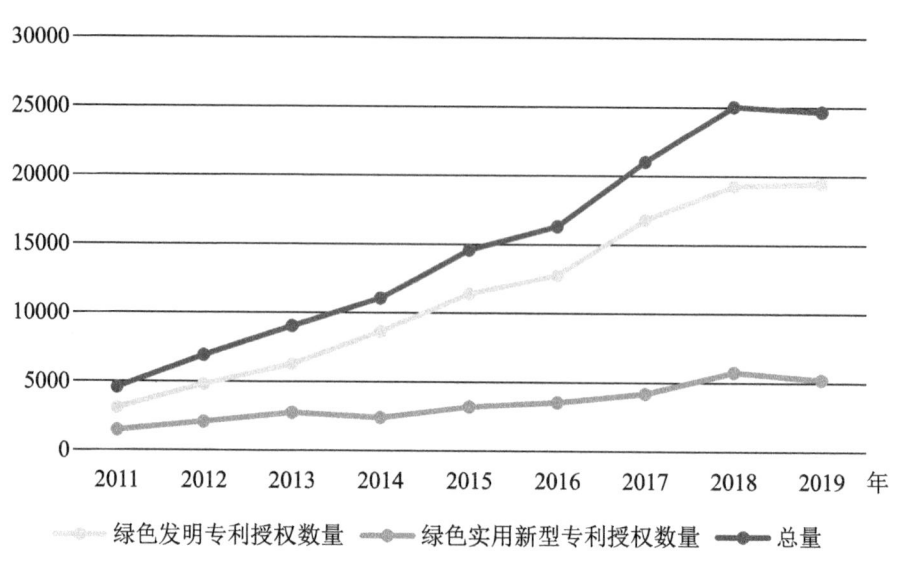

图 2-8　2011—2019 年全国绿色专利数量变化情况

展格局，2019 年通过生态省试点验收，国家生态文明建设示范市县和"绿水青山就是金山银山"实践创新基地创建走在了全国前列，成为建设美丽中国的先行者和排头兵。而在绿色科技创新方面，浙江省也走在了前列。

近些年，浙江省生态环境厅引发的全省生态环境工作要点中均提到了要加强科技创新，足以说明浙江省对生态环境科技创新的重视程度。2020年，浙江省生态环境厅发布《关于深入实施环保服务高质量发展工程的意见》，其中提到要加强环保领域科技创新。制订实施生态环境科技发展三年行动计划，实施一批重点科技攻关项目。加强现有省级环境保护重点实验室建设，支持有条件的单位创建国家级、省级重点实验室。推进长三角生态环境联合研究中心和浙江分中心建设。建立"专家顾问团+科技培训+社会化推广"的服务模式，推广应用一批先进、适用的环保科技成果。2022年4月，浙江省在全国率先启动生态环境科技帮扶工作，将湖州、嘉兴、台州3个市，丽水缙云县、建德市等11个县（市、区）作为第一批试点区域，开展科技帮扶工作。

如图 2-9 所示，从 2011 年到 2019 年，浙江省绿色发明专利授权数量和绿色实用新型专利授权数量整体上均呈现上升趋势，绿色发明专利授权

第五章 中国省际生态文明践行效果评价生态文明建设评价指标体系

数量多于绿色实用新型专利授权数量，且增速快于绿色实用新型专利授权数量。

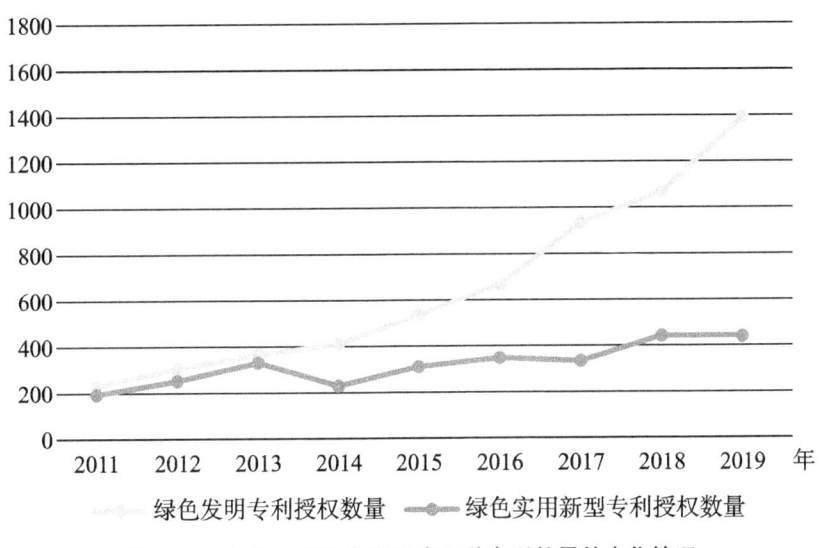

图2-9 2011—2019年浙江省两种专利数量的变化情况

（三）绿色科技创新对全国生态文明建设的影响

通过求解生态文明建设指数和绿色专利总数、绿色发明专利授权数量、绿色实用新型专利授权数量的相关系数观察绿色科技创新对全国生态文明建设的影响，见表2-9。由表2-9可知，绿色专利总数、绿色发明专利授权数量、绿色实用新型专利授权数量的相关系数均较大，说明三种专利数量和全国生态文明建设指数之间存在相关关系。

表2-9 全国生态文明建设指数与三种绿色专利数量的相关关系

变量名称	绿色专利总数	绿色发明专利授权数量	绿色实用新型专利授权数量
生态文明建设指数	0.9849	0.9862	0.9545

（四）绿色科技创新对各省（区、市）生态文明建设的影响

为研究绿色科技创新对各省（区、市）生态文明建设的影响，首先，构建生态文明建设指数与绿色专利总数的计量模型如下：

$$index_{ij} = \alpha + \beta\, pat_{ij} + \eta\, edu_{ij} + \varepsilon \tag{1}$$

其次，构建生态文明建设指数与不同类别绿色专利的计量模型如下：

$$index_{ij} = \alpha + \beta_1 inv_{ij} + \beta_2 uti_{ij} + \eta\, edu_{ij} + \varepsilon \tag{2}$$

式中，$index$ 表示生态文明建设指数，i、j 分别表示省份和年份，pat 表示绿色专利总数，inv 表示绿色发明专利授权数量，uti 表示绿色实用新型专利授权数量，edu 表示公众受教育程度，α、β_1、β_2、η 为估计系数，ε 为随机扰动项。

根据模型（1）的回归结果，绿色专利总数的回归系数为 0.233，在 1% 的水平上显著为正；根据模型（2）的回归结果，绿色发明专利授权量和绿色实用新型专利授权量的回归系数分别为 0.073 和 0.214，均在 1% 的水平上显著。根据该回归结果，绿色专利总数对生态文明建设指数具有显著的积极影响；绿色发明专利授权量和绿色实用新型专利授权量对生态文明建设指数具有显著的积极影响，且绿色实用新型专利授权量对生态文明建设指数的影响大于绿色发明专利授权量。

为进一步考察绿色科技创新对生态文明建设的影响，分别使用生态文明建设指标体系中的一级指标对应的指数为因变量，观察绿色科技创新对发展水平、生态质量、环境质量、环境治理效果的不同影响。

$$index1_{ij} = \alpha + \beta_1 inv_{ij} + \beta_2 uti_{ij} + \eta\, edu_{ij} + \varepsilon \tag{3}$$

$$index2_{ij} = \alpha + \beta_1 inv_{ij} + \beta_2 uti_{ij} + \eta\, edu_{ij} + \varepsilon \tag{4}$$

$$index3_{ij} = \alpha + \beta_1 inv_{ij} + \beta_2 uti_{ij} + \eta\, edu_{ij} + \varepsilon \tag{5}$$

$$index4_{ij} = \alpha + \beta_1 inv_{ij} + \beta_2 uti_{ij} + \eta\, edu_{ij} + \varepsilon \tag{6}$$

式中，$index1$、$index2$、$index3$、$index4$ 分别表示增长质量指数、生态质量指数、环境质量指数、环境治理指数。

将模型（3）（4）（5）（6）的回归结果汇总到表 2–10。根据模型（3）的回归结果可知，绿色发明专利授权量和绿色实用新型专利授权量对增长质量指数的影响均在 1% 的水平上显著，且绿色实用新型专利授权量对增长质量指数的影响效果更明显。根据模型（4）的回归结果可知，绿色发明专利授权量对生态质量指数的影响不显著，而绿色实用新型专利授权量对生态质量指数的影响在1%的水平上显著。根据模型（5）的回归结果可知，绿色发明专利授权量对环境质量指数的影响在10%的水平上显著，而绿色实用新型专利授权量对环境质量指数的影响不显著。根据模型（6）的回归结果可知，绿色发明专利授权量对环境治理指数的影响约在5%的水平上显著，而绿色实用新型专利授权量对环境治理指数的影响在1%的水平上显著，且绿色实用新型专利授权量对增长质量指数的影响效果更明显。

表2-10 模型（3）（4）（5）（6）的回归结果

模型	（3）	（4）	（5）	（6）
inv	0.091*** (0.002)	-0.020 (0.601)	0.064* (0.097)	0.035** (0.054)
uti	0.459*** (0.000)	0.368*** (0.000)	0.038 (0.375)	0.406*** (0.000)

注：* 表示在10%的水平上显著；** 表示在5%的水平上显著，*** 表示在1%的水平上显著。

综合以上分析结果，绿色发明专利授权量对增长质量指数、环境质量指数、环境治理指数均有一定程度的促进作用，而对生态质量指数无显著影响。绿色实用新型专利授权量对增长质量指数、生态质量指数、环境治理指数均有一定程度的促进作用，而对环境质量指数无显著影响。总体来看，绿色实用新型专利授权量的影响更大。

进一步分析绿色发明专利授权量对生态质量指数影响不显著的原因，可以认为与生态质量指数包含的具体指标有关。一级指标生态质量包含生态承载和资源消耗两个二级指标，其中生态承载的三级指标包含生态承载力、人均水资源量、森林覆盖率，资源消耗的三级指标包括单位地区生产总值水耗、单位地区生产总值能耗、单位地区生产总值电耗。而绿色实用新型专利授权量对环境质量指数影响不显著的原因，也与环境质量指数包含的具体指标有关。一级指标环境质量包含污染排放和化肥农药使用量两个二级指标，其中污染排放的三级指标包含单位地区生产总值二氧化硫排放量，单位地区生产总值化学需氧量排放量，单位地区生产总值氮氧化物排放量，单位地区生产总值氨氮排放量，单位地区生产总值二氧化碳排放量，化肥农药使用量的三级指标包含单位耕地面积化肥使用量和单位耕地面积农药使用量。

三、结论与政策建议

（一）结论

用绿色专利衡量的绿色科技创新对生态文明建设具有一定的推动作用，但不同类型的绿色专利对生态文明建设的影响不同，绿色发明专利授权量对生态文明建设的影响小于绿色实用新型专利授权量。

（二）政策建议

1. 对绿色专利申请基于特殊的制度支持

近年来，包括我国在内的许多国家设立了关于绿色专利的快速审查制度，比如国家知识产权局2017年制定的《专利优先审查管理办法》，这种制度设计是具有法律正当性的。在公开公正公平的条件下，一方面既要明确绿色专利的范围，杜绝非绿色科技创新搭便车。另一方面要继续推动落实我国绿色专利快速审查制度，适当放宽适用优先审查的条件；可以适当增长绿色专利的专利保护期限；同时，对于被专利审查机关认为不属于绿色科技创新的技术，设立救济渠道与纠纷解决机制。产学研结合，能够充分发挥各自优势。

2. 加大对绿色实用新型专利的支持力度

发明专利是指通过发明人的构思，利用自然规律创造出的针对各种技术问题的新的解决方案。实用新型专利是指对机器、设备、装置、用具或器件的形状、构造或其结合提出新的方案，并且该方案能够在工业上制造出具有使用价值或者实际用途的产品。发明专利和实用新型专利都是科学技术上的发明创造。从《中华人民共和国专利法》的相关规定可以看出，实用新型专利的创造性和技术水平较发明专利低,但是实用价值大。

根据本研究得到的结论,实用新型专利对生态文明建设具有较大的促进作用,虽然一般认为实用新型专利的技术含量和创新水平要低于发明专利,但是在实践中实用新型专利所发挥的经济社会贡献仍需引起重视。

3. 完善绿色发展相关政策,支持绿色科技创新

一是通过强化包括绿色创新在内的科技创新扶持力度,激发企业的新旧动能转换,鼓励企业多发展绿色科技,可以借鉴欧洲的"专利盒"政策,给予绿色专利特殊的税收优惠政策或财政补贴;二是通过强化环境规章制度,利用较高的环境压力和治污成本倒逼企业大力发展绿色科技创新。

附录1 2011—2019年各省(区、市)生态文明建设评价结果

排序	2011年	2012年	2013年	2014年	2015年	2016年	2017年	2018年	2019年
1	北京	北京	北京	北京	北京	北京	北京	北京	北京
2	浙江	浙江	浙江	浙江	浙江	浙江	上海	上海	上海
3	广东	广东	广东	广东	广东	天津	浙江	广东	浙江
4	上海	江苏	江苏	上海	上海	上海	天津	浙江	广东
5	江苏	上海	上海	江苏	江苏	广东	江苏	天津	天津
6	辽宁	天津	天津	天津	天津	江苏	广东	江苏	江苏
7	天津	福建	福建	福建	福建	福建	重庆	重庆	重庆
8	福建	山东	山东	山东	黑龙江	重庆	福建	福建	福建
9	山东	黑龙江	黑龙江	黑龙江	山东	山东	山东	山东	山东
10	陕西	江西	江西	辽宁	辽宁	黑龙江	黑龙江	四川	四川
11	黑龙江	陕西	陕西	湖南	湖南	四川	辽宁	黑龙江	湖南
12	云南	四川	四川	四川	重庆	辽宁	四川	辽宁	江西
13	四川	辽宁	辽宁	重庆	四川	吉林	湖南	吉林	陕西
14	江西	云南	云南	江西	江西	陕西	吉林	陕西	黑龙江
15	贵州	湖南	湖南	陕西	陕西	湖南	湖北	湖南	吉林
16	海南	广西	广西	内蒙古	湖北	江西	江西	湖北	湖北
17	河北	河北	河北	河北	吉林	湖北	陕西	江西	辽宁
18	湖南	重庆	重庆	吉林	广西	内蒙古	河北	河北	河南
19	湖北	青海	青海	湖北	河北	河北	内蒙古	内蒙古	内蒙古
20	广西	贵州	贵州	贵州	云南	海南	广西	河南	河北

续表

排序	2011年	2012年	2013年	2014年	2015年	2016年	2017年	2018年	2019年
21	内蒙古	海南	海南	广西	内蒙古	安徽	云南	云南	云南
22	吉林	吉林	吉林	海南	贵州	广西	河南	广西	贵州
23	重庆	内蒙古	内蒙古	云南	河南	河南	河南	海南	青海	安徽
24	青海	山西	山西	青海	海南	云南	安徽	海南	青海
25	山西	湖北	湖北	宁夏	山西	青海	山西	贵州	广西
26	安徽	安徽	安徽	河南	安徽	贵州	青海	安徽	山西
27	河南	河南	河南	山西	青海	山西	贵州	山西	海南
28	甘肃	甘肃	甘肃	安徽	宁夏	宁夏	甘肃	甘肃	甘肃
29	宁夏	宁夏	宁夏	甘肃	甘肃	甘肃	宁夏	宁夏	宁夏
30	新疆	新疆	新疆	新疆	新疆	新疆	新疆	新疆	新疆

附录2　2011—2019年各省（区、市）增长质量评价结果

排序	2011年	2012年	2013年	2014年	2015年	2016年	2017年	2018年	2019年
1	北京	北京	北京	北京	北京	北京	北京	北京	北京
2	上海	上海	上海	上海	上海	上海	上海	上海	上海
3	江苏	江苏	江苏	浙江	浙江	浙江	广东	广东	广东
4	浙江	浙江	浙江	江苏	江苏	江苏	浙江	浙江	浙江
5	天津	天津	天津	天津	天津	天津	江苏	江苏	江苏
6	广东	广东	广东	广东	广东	广东	天津	天津	天津
7	山东	山东	山东	山东	山东	山东	福建	福建	福建
8	福建	福建	辽宁	辽宁	辽宁	福建	山东	山东	山东
9	辽宁	辽宁	福建	福建	福建	辽宁	辽宁	辽宁	湖北
10	内蒙古	内蒙古	内蒙古	内蒙古	重庆	重庆	重庆	重庆	重庆
11	海南	海南	海南	重庆	内蒙古	内蒙古	内蒙古	湖北	辽宁
12	贵州	重庆	重庆	海南	海南	海南	湖北	内蒙古	四川
13	重庆	宁夏	湖北	湖北	湖北	湖北	海南	四川	湖南
14	宁夏	湖北	黑龙江	黑龙江	黑龙江	黑龙江	四川	湖南	海南
15	湖北	湖南	湖南	湖南	山西	四川	湖南	海南	安徽
16	湖南	陕西	陕西	陕西	四川	陕西	黑龙江	安徽	内蒙古
17	陕西	贵州	宁夏	山西	陕西	山西	陕西	黑龙江	陕西

第五章 中国省际生态文明践行效果评价生态文明建设评价指标体系

续表

排序	2011年	2012年	2013年	2014年	2015年	2016年	2017年	2018年	2019年
18	云南	黑龙江	吉林	宁夏	湖南	湖南	吉林	安徽	河南
19	吉林	山西	山西	四川	宁夏	吉林	山西	吉林	河北
20	河北	吉林	四川	吉林	吉林	安徽	安徽	河南	江西
21	山西	四川	贵州	新疆	新疆	宁夏	宁夏	山西	吉林
22	黑龙江	云南	河北	河北	安徽	河南	河北	河北	新疆
23	四川	河北	新疆	安徽	河南	河北	河北	江西	宁夏
24	安徽	安徽	安徽	河南	河北	江西	江西	宁夏	云南
25	广西	广西	云南	云南	甘肃	新疆	新疆	甘肃	山西
26	甘肃	新疆	江西	贵州	江西	甘肃	甘肃	新疆	广西
27	江西	甘肃	甘肃	江西	青海	云南	青海	青海	青海
28	新疆	江西	广西	甘肃	云南	青海	云南	广西	贵州
29	河南	河南	河南	广西	贵州	广西	广西	云南	黑龙江
30	青海	青海	青海	青海	广西	贵州	贵州	贵州	甘肃

附录3 2011—2019年各省（区、市）生态质量评价结果

排序	2011年	2012年	2013年	2014年	2015年	2016年	2017年	2018年	2019年
1	北京	北京	北京	北京	北京	北京	北京	北京	北京
2	海南	江西	黑龙江	黑龙江	福建	福建	天津	吉林	天津
3	福建	福建	福建	福建	吉林	吉林	吉林	天津	福建
4	江西	黑龙江	吉林	江西	黑龙江	天津	福建	黑龙江	吉林
5	黑龙江	浙江	江西	吉林	江西	黑龙江	黑龙江	福建	黑龙江
6	浙江	吉林	海南	天津	天津	江西	江西	浙江	浙江
7	吉林	海南	浙江	浙江	浙江	浙江	湖南	江西	江西
8	广东	广东	广东	海南	湖南	湖南	浙江	湖南	湖南
9	广西	广西	天津	湖南	广西	广东	重庆	广东	广东
10	青海	青海	广西	广东	广东	海南	广东	重庆	重庆
11	湖南	天津	湖南	广西	重庆	重庆	广西	海南	广西
12	天津	湖南	内蒙古	重庆	海南	广西	海南	广西	青海
13	内蒙古	内蒙古	重庆	青海	湖北	湖北	湖北	青海	海南
14	陕西	重庆	陕西	陕西	陕西	云南	云南	云南	上海

续表

排序	2011年	2012年	2013年	2014年	2015年	2016年	2017年	2018年	2019年
15	云南	陕西	云南	内蒙古	四川	四川	四川	四川	四川
16	重庆	云南	青海	四川	云南	陕西	陕西	陕西	云南
17	四川	四川	四川	云南	内蒙古	内蒙古	青海	湖北	湖北
18	辽宁	辽宁	辽宁	湖北	辽宁	青海	上海	上海	陕西
19	湖北	湖北	湖北	辽宁	上海	上海	内蒙古	内蒙古	内蒙古
20	安徽	山东	山东	上海	青海	辽宁	辽宁	辽宁	河南
21	山东	上海	上海	山东	安徽	安徽	山东	山东	辽宁
22	上海	安徽	安徽	安徽	山东	山东	河南	河南	山东
23	江苏	河南	江苏	江苏	江苏	河南	安徽	安徽	江苏
24	河南	江苏	河南	河南	河南	江苏	江苏	江苏	安徽
25	新疆	贵州	贵州	贵州	贵州	贵州	贵州	贵州	贵州
26	贵州	新疆	河北	河北	河北	河北	河北	河北	河北
27	河北	河北	新疆	山西	山西	山西	山西	山西	山西
28	山西	山西	山西	新疆	新疆	新疆	新疆	甘肃	甘肃
29	甘肃	甘肃	甘肃	甘肃	甘肃	甘肃	甘肃	新疆	新疆
30	宁夏	宁夏	宁夏	宁夏	宁夏	宁夏	宁夏	宁夏	宁夏

附录4 2011—2019年各省（区、市）环境质量评价结果

排序	2011年	2012年	2013年	2014年	2015年	2016年	2017年	2018年	2019年
1	青海	青海	青海	青海	北京	北京	北京	北京	北京
2	贵州	贵州	北京	北京	青海	天津	天津	天津	天津
3	黑龙江	北京	贵州	黑龙江	黑龙江	上海	上海	上海	上海
4	北京	黑龙江	黑龙江	贵州	贵州	青海	青海	青海	青海
5	内蒙古	宁夏	宁夏	宁夏	宁夏	黑龙江	重庆	内蒙古	内蒙古
6	宁夏	内蒙古	内蒙古	内蒙古	内蒙古	内蒙古	内蒙古	重庆	重庆
7	甘肃	甘肃	上海	上海	上海	重庆	黑龙江	黑龙江	贵州
8	陕西	陕西	陕西	上海	天津	贵州	浙江	贵州	浙江
9	上海	上海	甘肃	陕西	甘肃	宁夏	贵州	浙江	黑龙江
10	山西	天津	天津	天津	陕西	浙江	宁夏	甘肃	甘肃
11	云南	山西	重庆	重庆	四川	陕西	陕西	陕西	陕西

第五章 中国省际生态文明践行效果评价生态文明建设评价指标体系

续表

排序	2011年	2012年	2013年	2014年	2015年	2016年	2017年	2018年	2019年
12	吉林	四川	四川	四川	重庆	吉林	甘肃	宁夏	宁夏
13	新疆	重庆	浙江	浙江	浙江	甘肃	吉林	吉林	吉林
14	四川	云南	山西	吉林	吉林	四川	四川	四川	四川
15	天津	浙江	云南	辽宁	云南	辽宁	广东	广东	广东
16	重庆	吉林	吉林	云南	辽宁	广东	辽宁	辽宁	辽宁
17	浙江	新疆	广东	山西	广东	山东	山东	山东	山东
18	辽宁	辽宁	辽宁	广东	山西	云南	云南	江苏	江苏
19	江苏	广东	江苏	江苏	江苏	山西	江苏	云南	云南
20	广东	江苏	新疆	新疆	福建	福建	福建	山西	河南
21	江西	江西	福建	湖南	湖南	江苏	山西	福建	山西
22	广西	广西	湖南	福建	新疆	湖北	湖北	湖北	湖北
23	湖南	湖南	山东	江西	湖北	湖南	湖南	河南	福建
24	海南	福建	广西	广西	广西	河南	河南	湖南	湖南
25	山东	山东	江西	湖北	山东	海南	海南	海南	海南
26	河北	海南	海南	山东	江西	河北	江西	河北	河北
27	福建	河北	湖北	海南	海南	广西	广西	新疆	江西
28	安徽	安徽	河北	河北	安徽	新疆	河北	江西	新疆
29	湖北	湖北	安徽	安徽	河北	江西	新疆	广西	安徽
30	河南	河南	河南	河南	河南	安徽	安徽	安徽	广西

附录5 2011—2019年各省（区、市）环境治理评价结果

排序	2011年	2012年	2013年	2014年	2015年	2016年	2017年	2018年	2019年
1	广东	广东	河北	河北	广东	浙江	江苏	广东	江苏
2	江苏	河北	广东	广东	河北	江苏	河北	江苏	广东
3	辽宁	浙江	浙江	浙江	江苏	广东	广东	河北	浙江
4	河北	江苏	江苏	江苏	浙江	河北	浙江	山东	河北
5	浙江	山东	山东	山东	山东	山东	山东	浙江	山东
6	山东	山西	山西	宁夏	山西	安徽	山西	山西	山西
7	山西	云南	河南	山西	河南	河南	辽宁	安徽	安徽
8	湖北	四川	四川	河南	辽宁	宁夏	安徽	辽宁	河南

续表

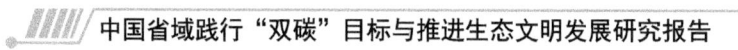

排序	2011年	2012年	2013年	2014年	2015年	2016年	2017年	2018年	2019年
9	云南	河南	福建	辽宁	福建	辽宁	河南	四川	四川
10	四川	福建	宁夏	四川	四川	山西	江西	河南	江西
11	河南	辽宁	辽宁	内蒙古	江西	四川	四川	江西	辽宁
12	上海	湖南	云南	福建	湖南	福建	湖北	福建	云南
13	福建	广西	安徽	云南	安徽	江西	福建	广西	福建
14	广西	安徽	内蒙古	湖南	广西	内蒙古	广西	云南	内蒙古
15	陕西	湖北	湖南	安徽	云南	湖北	云南	湖北	广西
16	湖南	陕西	广西	江西	湖北	广西	内蒙古	内蒙古	湖南
17	江西	甘肃	江西	湖北	内蒙古	云南	湖南	湖南	湖北
18	贵州	江西	湖北	广西	陕西	上海	新疆	陕西	新疆
19	内蒙古	贵州	陕西	新疆	贵州	黑龙江	重庆	重庆	陕西
20	安徽	内蒙古	贵州	贵州	新疆	湖南	上海	上海	上海
21	新疆	黑龙江	新疆	陕西	宁夏	青海	陕西	新疆	重庆
22	黑龙江	宁夏	黑龙江	黑龙江	黑龙江	陕西	黑龙江	贵州	贵州
23	甘肃	上海	甘肃	甘肃	上海	新疆	宁夏	黑龙江	天津
24	重庆	新疆	重庆	上海	天津	重庆	贵州	宁夏	黑龙江
25	天津	重庆	上海	青海	重庆	贵州	甘肃	天津	宁夏
26	宁夏	天津	天津	天津	吉林	甘肃	吉林	甘肃	吉林
27	吉林	吉林	吉林	重庆	青海	天津	天津	吉林	甘肃
28	青海	海南	青海	吉林	甘肃	吉林	北京	北京	青海
29	海南	青海	海南	海南	北京	北京	海南	青海	北京
30	北京	北京	北京	北京	海南	海南	青海	海南	海南

第三篇
中国城市可持续发展研究

在中国城市可持续发展中，城市和产业是两个重要维度。本篇内容聚焦中国城市的可持续发展研究。

第一，城市的发展关系到人民的生产、生活水平。我国现阶段仍然处于城镇化的快速发展阶段，但是部分地区也出现了城市衰退的现象。本篇采用就业数据识别衰退城市，并且使用灯光增长数据将衰退城市分为：确定型衰退城市、发展停滞型衰退城市、空心扩张型衰退城市，探究2003年至2018年地级市中衰退城市的时间与空间变化；并进一步用Logit模型分析影响城市衰退的因素，结果表明产业结构、财政能力对城市衰退有缓解作用，资源型城市为衰退现象的重灾区。并为城市发展提供可行性建议。

第二，经济转型发展的关键是产业结构的转型，产业结构的转型可以降低资源的浪费，减少环境污染。在通过灰色关联度方法测算东北地区产业趋同系数以及构建可持续发展指标的基础上，实证检验产业趋同对东北地区可持续发展的影响，结果表明东北地区的产业趋同对本地区的可持续发展是不利的，并为东北地区摆脱单一产业结构，实现可持续发展提供有益政策建议。

第六章

东北地区产业趋同对城市可持续发展影响
——基于33个地级市空间面板模型分析

东北地区为新中国成立时期的老工业基地，曾经有着辉煌的历史。随着我国改革开放的不断深入和工业化进程的加快，资源型产业、工业区位优势的丧失，导致东北地区经济发展受到严重的阻碍。并且，东北地区出现大量人口外流的现象，成为我国人口减少最严重的地区之一。根据第七次全国人口普查公告，人口减少最多的省份是黑龙江、吉林和辽宁三省，其中黑龙江省减少了646万人，吉林省减少了339万人，辽宁省减少了115万人。整个东北地区在过去十年减少了超过1000万常住人口。东北地区人口流失问题十分严重。

为振兴东北老工业区，党中央、国务院曾出台了一系列政策文件。2003年国家颁布文件《关于实施东北地区等老工业基地振兴战略的若干意见》，至此东北振兴成为国家战略，东北的发展迎来了"黄金十年"。但是，2013年开始东北地区发展再次遇到瓶颈，至今仍然没有实现振兴。2020年新冠疫情蔓延，对全球经济是一个不小的冲击，对我国各地尤其是东北地区来说影响是非常大的，疫情冲击进一步加剧了东北地区发展的困难和矛盾。东北振兴已经到了刻不容缓的关键时期。此外，受疫情冲击，东北地区经济全面下滑，东北地区发展面临的问题越发严重[1]。

经济转型发展的关键是产业转型，产业结构的转型可以降低资源的浪费，减少环境污染，是实现东北振兴的重点和关键。自从2003年东北振兴计划启动，东北地区的经济总量不断提升，但是过度关注经济增长的速度,而忽视发展质量,东北地区的产业结构不合理问题还是没有解决。东北地区产业结构单一、产业趋同问题十分严重。东北地区支柱产业中,重工业占据主导地位,现如今这些高耗能产业并不能成为东北地区城市经济增长点。本文在通过灰色关联度方法测算东北地区产业趋同系数,在构建可持续发展指标的基础上,实证检验产业趋同对东北地区可持续发展的影响,为实现东北振兴提供有益政策建议。

一、文献综述

自可持续发展的概念提出以来,关于这一问题的研究非常多,不同国家的学者对可持续发展指标进行了构建[2][3][4]。明确提出构建可持续发展目标、构建可持续发展战略体系是2012年在巴西召开的可持续发展大会上[5][6]。对可持续发展水平的测量方法主要有层次分析法、生态足迹法和数据包络分析法等[7][8]。黄志烨等结合城市可持续发展的内涵和北京市的城市发展现状,共选取32个指标构成综合评价指标体系,使用层次分析法和熵值法进行权重确认,对北京市可持续发展水平进行系统评估和分析[9]。生态足迹法是将人类对生态资源的消耗量和废物吸收需要量换算成生态功能用地面积进行定量分析的方法[10]。袁蕾等运用DEA方法,选取城镇居民人均可支配收入、医院床位数和三产增加值为产出指标,固定资产投资、常住人口和财政支出为投入指标计算了北京和上海的新城发展效率,发现北京新城相对上海新城发展效率明显偏低[11]。

如今,很多学者通过实证分析证明了夜间灯光强度能够很好地衡量地区可持续发展程度。Doll等对夜间光照面积与社会经济参数之间的关系进行了研究,绘制了全球GDP地图[12]。苏泳娴等基于DMSP/OLS夜间灯光影像实现了1992—2010年以市级为基础单元的我国碳排放估算,弥补了统计数据不全、统计口径不一的缺点[13]。曹丽琴等对湖北省地级市的夜间灯光数据进行分析,实证研究夜间灯光强度与区县人口之间的关系,建立模型对湖北省人口进行拟合,契合程度高达90%,表明利用夜间灯光数据

第六章 东北地区产业趋同对城市可持续发展影响——基于33个地级市空间面板模型分析

对城镇人口做短期的预测可以达到很好的效果[14]。

联合国工业发展组织（United Nations Industrial Development Organization，UNIDO）是第一个研究产业趋同问题的，其在1979年通过构建产业趋同系数模型来测算不同国家之间制造业的产业趋同程度，UNIDO得出如下研究结果：工业化程度与产业趋同呈现正相关关系，工业化程度越高，其产业趋同度越高，反之亦然[15]。国外学者比国内学者更早关注到产业趋同问题[16]。Amit对欧洲国家产业趋同问题进行过研究，发现专业化趋势同产业集中度呈相反关系[17]。在国际上，国外专家对我国产业趋同问题的研究也不在少数，发现我国的产业趋同现象在20世纪末很明显，但是也出现了产业分工更加明晰、产业结构更加合理的正面现象[18][19]。关于我国区域内产业结构趋同情况测度方法的研究，经过查阅文献及书籍，发现测度产业结构趋同程度的主要方法有投入产出模型、克鲁格曼指数和灰色关联度系数等。李壮壮等基于投入产出模型，分别构建了不同地区同一产业发展的趋同性度量模型和不同地区经济结构趋同性度量模型，分析结果为部分区域的经济整合指明了方向[20]。樊福卓等通过数理方法改进了克鲁格曼指数，对产业趋同度的测量进行了改良，该指标具有一般性，是对克鲁格曼指数的一种完善[21]。陈燕等基于粤港澳大湾区不同地区和行业数据，以区位熵来衡量主导产业，并根据测算的区位熵计算灰色关联系数衡量不同城市间产业趋同程度[22]。

在产业结构趋同的作用机理上一般有两种理论。第一种理论认为，造成地区间产业结构趋同的主要原因是政府的行为。我国是社会主义国家，政府在地区经济发展过程中有着举足轻重的作用，政府行为是一双"看不见的手"，对经济社会发展有着重要的影响。有些地方政府为了区域经济的快速发展，大力对经济收益高的产业进行投资。地方官员为了自己的政绩不考虑当地比较优势的产业进行扶持[23]。第二种理论认为是资源分布不均匀造成的产业趋同现象。不同的地区间如果在自然资源、经济发展水平、科学技术等方面具有一定的相似性，产业结构就会出现趋同的现象。而且不同地区直接联系密切，科学技术正向的溢出效应明显，生产要素地区间流动现象也非常频繁,从而导致地区间产业结构趋同[24]。关于产业结构趋同对区域社会经济发展影响的研究,存在积极和消极两个方面的影响。陈耀等将产业结构趋同分为"人为"和"自然",认为造成合意性趋同的原因是不同区域间要素禀赋结构的相似,还有就是地区间知识的外溢,这种趋同对经济的发展没有负面的影响,甚至可能对区域间经济的协同发展有正向的影响[25];李艳春等学者认为产业趋同会造成投资的分散、基础设施的重复建设,会造成资源配置缺乏效率,是对资源的浪费,导致生产能力大量闲置[26]。

本文通过梳理关于可持续发展衡量方法和产业趋同衡量方法发现:第一,当前衡量地区经济可持续发展的指标多为社会经济发展指标,社会经济指标存在滞后、数据量巨大、部分地区数据缺失等问题,夜间灯光数据与传统社会经济数据相比具有客观、便捷、衡量角度更多等优点。第二,灯光数据与社会经济发展的诸多指标都有一定的关系,在一定程度上可以衡量地区经济发展。第三,构建可持续发展指标为学者们普遍采用的衡量方法。因此,本文在衡量地区可持续发展的方法上采取构建指标的方法,并且在指标中引入可以表征城市活力的灯光数据,在衡量城市产业趋同度时借鉴灰色关联系数法。

二、研究方法

(一)产业趋同测算模型

结合数据资料收集,采用区位熵测算的灰色关联系数来测算地级市产业趋同程度[22]。区位熵又被叫作专业化率,是对区域间产业集中程度的测量,是测算区域产业专业化水平和集聚水平的重要指标之一[31]。采取各行业从业人员人数计算,得到不同产业的综合产业区位熵值,计算公式如下:

$$q_{ij} = \frac{(e_{ij}/e_i)}{(E_j/E)} \quad (1)$$

第六章　东北地区产业趋同对城市可持续发展影响——基于33个地级市空间面板模型分析

式中，q_{ij} 为 i 地区 j 产业的区位熵；e_{ij} 为 i 地区 j 产业的相关数值；e_i 为 i 地区所有行业总的相关数值；E_j 为整体的 j 行业的相关数值；E 为整体所有行业的相关数值。

在区位熵的基础上，本文采用灰色关联度测算在不同区域中产业结构与总体的趋同程度，其具体计算方法为：

$$\Delta_i(i) = |y_i(i) - y_0(i)| \qquad (2)$$

式中，$y_i(i)$ 是整个样本选出的比较序列；$y_0(i)$ 是全体样本标准数构成的参考序列；$\Delta_i(i)$ 是比较序列与参考差的绝对值。有：

$$\min_j \min_i \Delta_j(i) = \min \{\min \Delta_j(1), \min \Delta_j(2), \cdots, \min \Delta_j(m)\} \qquad (3)$$

$$\max_j \max_i \Delta_j(i) = \max \{\max \Delta_j(1), \max \Delta_j(2), \cdots, \max \Delta_j(m)\} \qquad (4)$$

式（3）式（4）中，$\min_j$ 是一级最小差，$\min_j \min_i \Delta_j(i)$ 是二级最小差；$\max_j$ 是一级最大差，$\max_j \max_i \Delta_j(i)$ 是二级最大差，j 表示有 m 个区域，i 表示有 n 个行业。以此为基础计算灰色关联系数，得到灰色关联系数矩阵：

$$\varepsilon_i(i) = \{\min_j \min_i \Delta_j(i) + \sigma \max_j \max_i \Delta_j(i)\} / \{\Delta_j(i) + \sigma \max_j \max_i \Delta_j(i)\} \qquad (5)$$

式（5）中，σ 是分辨系数，且 σ 通常取 0.5。进一步，计算各区域的灰色关联度和。计算公式如下：

$$R(i) = 1/n \sum_{i=1}^{n} \varepsilon_i(i) \qquad (6)$$

由上述公式可以看出，灰色关联度的测算结果是 0~1。从区域角度来分析，测算的关联系数越大，说明该区域的产业结构与地区整体产业结构的差距越小，该区域产业趋同现象越明显，关联系数越小，意味着该区域与整体的产业趋同现象越不明显；从行业视角来看，关联度越大，表明该行业与区域内其他产业的关联度越高，反之意味着差异越大。

（二）可持续发展指标的构造

从城市活力和就业活力两个角度构建东北地区可持续发展指标，选取

东三省地级市夜间灯光 DN 总值、第二三产业就业人数数据为基础数据,利用熵值法确定权重构造而成。其构造原理如下:

(1) 原始数据矩阵:

$$A = \begin{pmatrix} X_{11} & \cdots & X_{1n} \\ \vdots & \ddots & \vdots \\ X_{m1} & \cdots & X_{mn} \end{pmatrix} \tag{7}$$

(2) 数据标准化处理

将数据进行标准化处理,设数据涉及 m 个指标,共有 n 个样本数据。其中,X_{ij} 为第 i 个样本的第 j 个指标值,将原始数据进行标准化处理后得到 $Y1$、$Y2$、$Y3$、$\cdots$、Yk。

正向指标的处理公式如下:

$$Y_{ij} = \frac{\min(X_i) - X_{ij}}{\max(X_i) - \min(X_i)} \tag{8}$$

(3) 求各指标的信息熵

其公式如下:

$$E_j = -\ln(n)^{-1} \sum_{i=1}^{n} p_{ij} \ln p_{ij} \tag{9}$$

其中

$$P_{ij} = \frac{Y_{ij}}{\sum_{i=1}^{n} Y_{ij}}$$

(4) 确定权重

确定各个指标的权重,根据信息熵的计算公式,得出各个指标的信息熵为 $E1$,$E2$,$\cdots$,Ek。通过信息熵计算各指标的权重,公式如下:

$$W_i = \frac{1 - E_i}{k - \sum E_i} (i = 1,2,3,\cdots,k) \tag{10}$$

(三) 空间计量模型

考虑东三省各城市可持续发展和产业趋同的空间效应,在模型设定时选取对空间效应进行研究的空间计量模型。实证研究中更多学者使用更具适用性的空间杜宾模型（SDM）进行研究，其模型数学公式如下：

$$Sus_{it} = \beta_0 + \beta_1 S_{it} + \delta X_{it} + \alpha_i + \mu_t + \varepsilon_{it} \tag{11}$$

式中，i、t分别表示城市和年份；Sus_{it}表示东北城市可持续发展水平；S_{it}表示地级市产业趋同程度；X_{it}为模型的控制变量；β和δ是待估计参数；α_i是个体固定效应；μ_t表示时间固定效应；ε_{it}为随机干扰项。

为检测地级市可持续发展和产业趋同的空间溢出效应，选用如下空间计量模型进行实证检验：

$$Sus_{it} = \beta_0 + \rho W Sus_{it} + \beta_1 S_{it} + \delta X_{it} + \theta W S_{it} + \gamma W X_{it} + \alpha_i + \mu_t + \varepsilon_{it} \tag{12}$$
$$\varepsilon \sim N(0\ \sigma^2 I_n)$$

式中，ρ是空间自回归系数；θ、γ为空间滞后项系数；ε为服从正态分布的随机干扰项；W为空间权重矩阵，本文构建空间权重矩阵的方法是利用两地区之间的距离倒数。

产业趋同对可持续发展的影响不是在短时间内立刻产生的，可能存在时间上的变化趋势[7]。因此，考虑直接效应、间接效应随时间变化的规律，构建如下模型：

$$Sus_{it} = \beta_0 + \rho W Sus_{it} + \beta_1 S_{it} \times year + \delta X_{it} + \theta W S_{it} \times year + \gamma W X_{it} + \alpha_i + \mu_t + \varepsilon_{it} \tag{13}$$
$$\varepsilon \sim N(0\ \sigma^2 I_n)$$

式中，$year$为年份虚拟变量，其余的变量跟前文的一致。

（四）变量选取

参考已有的研究文章，选择以下四个控制变量：（1）经济发展水平（Eco），经济发展水平越高，当地的现代化程度就越高，经济增长水平潜力就越大，使用人均 GDP 表示[27]；（2）人口规模（Pop），人口问题在可持续发展中占据着重要的地位，人口对经济有着直接的影响，采用城市非农业人口表示[28]；（3）城市规模（Sca），城市规模越大，产业越可能向该城市集聚，可以带动城市发展，但也可能出现交通拥挤、环境污染等问题，选用建成区土地面积来表示[29]；（4）基础设施水平（Inf），道路交通是衡量地区基础设施建设水平和城市现代化程度不可或缺的指标,道路交通的完善加速了物质生产,对商品流通、城市的经济发展有正向影响,但污染物的排放也会增加,因而,它也有可能对城市可持续发展带来负面影响,选取年末道路面积来表示[30]。

(五) 数据来源

灯光数据选取 2006—2013 年的 DMSP/OLS 年平均夜光遥感影像和 2012—2018 年的 NPP/VIIRS 月平均夜光遥感影像,对夜间灯光数据进行了提取与校正,并对两种数据进行统一化处理。对两套数据中 2013 年的两种夜间灯光数据进行拟合,选取拟合效果好的幂函数形式得到 2006—2018 年东三省地级市夜间灯光数据。东三省地级市第二、三产业就业人数数据来自 EPS 数据库平台收集整理。地区非农业人数、年末道路铺装面积、人均 GDP、城市建成区面积、地级市分行业从业人员数据来自历年《中国城市统计年鉴》和国家统计局、各省统计局官网。为保证各变量在数量单位上的一致性,在进行回归之前都对其进行标准化处理。

三、实证结果

本文使用 MATLAB 软件工具以及 STATA 对空间计量模型和面板数据模型进行估计,根据回归结果选择合适的模型分析。具体来看,为了检验产业趋同对东北地区城市可持续发展的影响,本文对比了普通面板模型回归与空间面板回归,如表 3 – 9 所示。在表 3 – 9 中,模型 (1) 和模型 (2) 分别是固定效应模型和随机效应模型,模型 (3) 和模型 (4) 由空间计量方法所得。通过模型中的 R – squared 值可知,模型总体拟合优度较高。根据各变量的显著水平,固定效应的空间杜宾模型的拟合效果在这之中是最好的。产业趋同度系数高度显著,说明产业趋同对城市的可持续发展具有显著相关关系。W × dep. var 在模型中为正,且在不同的模型中均显著,说明可持续发展具备空间效应。在固定效应空间杜宾模型中,控制

第六章 东北地区产业趋同对城市可持续发展影响——基于33个地级市空间面板模型分析

变量基本都在1%水平下显著,可以认为,人口规模、基础设施水平、经济发展水平和城市规模对于可持续发展水平有影响。

表3-9 东北地区模型的回归结果

变量	面板数据模型 模型(1)	面板数据模型 模型(2)	空间杜宾模型 模型(3)	空间杜宾模型 模型(4)
S	-0.06*** (0.01)	-0.05*** (0.02)	-0.02 (-0.42)	-0.13*** (-4.69)
Pop	0.09*** (0.03)	0.07*** (0.02)	0.47*** (6.02)	0.19** (2.16)
Inf	0.26*** (0.10)	0.31*** (0.09)	0.13** (1.80)	0.19*** (3.32)
Eco	0.27*** (0.07)	0.29*** (0.08)	0.18*** (6.40)	-0.06*** (-2.73)
Sca	0.25*** (0.06)	0.23*** (0.06)	0.21** (2.48)	0.18*** (2.57)
W×S	—	—	0.01 (0.39)	0.07*** (2.67)
W×Pop	—	—	0.13 (1.07)	-0.13 (-1.16)
W×Inf	—	—	-0.40*** (-3.64)	0.09 (1.19)
W×Eco	—	—	-0.07** (-2.18)	-0.05** (-2.49)
W×Sca	—	—	0.20* (1.79)	-0.07 (-0.71)
W×dep.var	—	—	0.09** (2.19)	0.32*** (8.95)
R-squared	0.38	0.38	0.79	0.95
Sigma^2	—	—	0.20	0.05
Log-likelihood	—	—	-269.21	27.55

注:***表示在1%的水平下显著,**表示在5%的水平下显著,*表示在10%的水平下显著。

固定效应的SDM模型有着更大的R-squared值。下面着重讨论该模型的回归结果,产业趋同对于城市可持续发展的影响系数为-0.13,在1%的水平下显著为负,说明城市产业趋同度越高,该城市的可持续发展水平就越低，东北地区相似的产业结构是不利于当地的可持续发展的。人口规模与公共基础设施水平的影响系数都为0.19，在1%的水平下显著为正，说明人口规模越大，城市可持续发展水平就越高。城市规模对可持续发展的影响系数为0.18，在1%的水平下显著为正，说明城市规模越大集聚经济效应越明显，可有效带动经济社会持续发展。W*产业趋同的系数为0.07，在1%的水平下为正，这说明相邻城市产业趋同存在着正向溢出效应，其对本地区可持续发展水平影响是正向的。W × dep. Var在1%的水平下显著为正，说明地区间的可持续发展存在正向的溢出效应，是可以相互促进发展的。

空间杜宾模型由直接效用、间接效用和总效用构成，如表3-10所示。在直接效用和间接效用中，产业趋同变量对城市可持续发展的影响均较为显著。在模型（4）中，产业趋同的直接效应在1%水平下显著，间接效应也在10%水平下显著。直接效应为负意味着在一个地级市中产业趋同对本城市可持续发展具有负向的相关关系；间接效应为正意味着产业趋同对周边城市的可持续发展有正向的相关关系，即产业趋同产生了一定的空间效应。在控制变量中，人口规模的直接效应是正向的，在10%水平下显著，说明在一个地级市中，城市人口规模对可持续发展的空间集聚具有正相关关系影响。基础设施水平的直接效应和间接效应都为正，在1%和10%水平下显著，说明一个地级市的基础设施水平的提升对于本地区和周边地区的可持续发展具有正向相关关系影响。经济发展水平的直接效应和间接效应都为负，在1%水平下显著，说明经济增长并没有提升本地区和相邻地区的可持续发展水平，东北地区的经济发展仍然为粗放型，现在还未实现高质量发展。城市规模对可持续发展的直接效应为正，说明资源可能向大型城市集聚，带动该城市发展。

表3-10　产业趋同对城市可持续发展的直接效用、间接效用及总效用

变量	模型（4）		
	直接效应	间接效应	总效应
S	-0.12*** (-5.02)	0.04* (1.66)	-0.07*** (-3.88)

第六章 东北地区产业趋同对城市可持续发展影响——基于33个地级市空间面板模型分析

续表

变量	模型（4）		
	直接效应	间接效应	总效应
Pop	0.18** (2.11)	-0.09 (-0.64)	0.089 (0.48)
Inf	0.22*** (3.59)	0.20** (1.92)	0.43*** (2.95)
Eco	-0.07*** (-3.25)	-0.09*** (-3.37)	-0.17*** (-4.0)
Sca	0.18** (2.51)	-0.01 (-0.09)	0.16 (0.97)

注：*** 表示在1%的水平下显著，** 表示在5%的水平下显著，* 表示在10%的水平下显著。

从时间角度来看，东北地区产业趋同的直接效应变化相对趋势平稳，除2009年和2010年两年为负，其余年份都为正值。间接效应呈现出下降的发展趋势，2017年之后间接效应变为负值。见图3-3。在经济结构转型的初级阶段，东北地区城市互相模仿，刚开始产业趋同程度不是特别大，对邻近城市造成的影响不是特别大，但随着地区间产业结构越来越趋同，就会对邻近城市可持续发展水平产生负向溢出效应。在时间变化中，2013年变动幅度特别大，可能是《全国资源型城市可持续发展规划》的出台扩大了产业趋同的溢出效应。

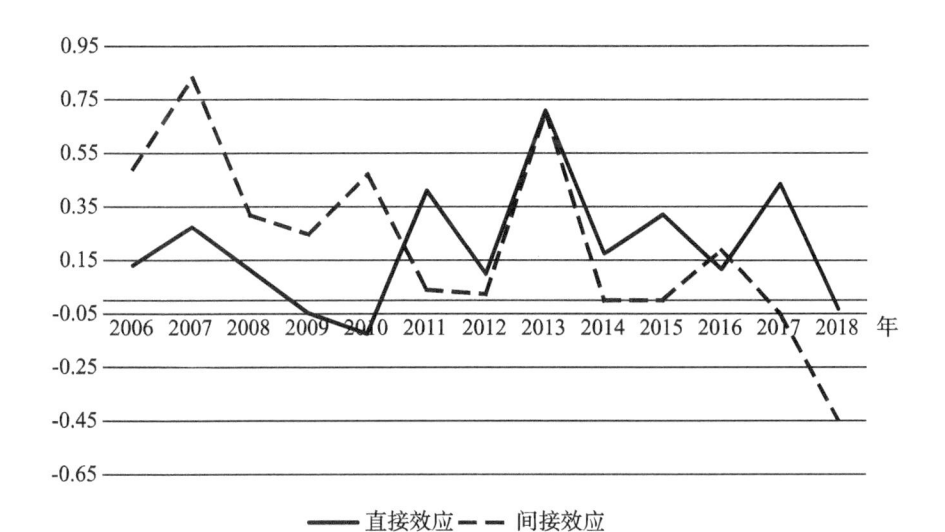

图3-3 不同年份产业趋同直接、间接效应

四、结论与建议

本文采用 2006—2018 年东北地区 33 个地级市面板数据，利用空间杜宾模型，实证检验产业趋同对可持续发展的影响。结果发现：

（1）东北地区的产业趋同对本地区的可持续发展是不利的，但相对而言，对周边地区的可持续发展是有正向影响的。产业趋同使投资分散化，造成基础设施的重复建设现象。产业趋同造成的资源配置缺乏效率直接影响经济效益，这对本地区可持续发展造成了负面的影响。工业化进程前期，本地区产业趋同程度会提高，这种产业结构的模式会在短时间内提升本地区的可持续发展能力，但是从长期来看，这种模仿并不是长久之计，地区间产业趋同对当地可持续发展的影响是分不同阶段的。

（2）东北地区经济发展水平的提升并不意味着可持续发展能力的提升。自从 2003 年东北振兴计划启动以来，东北地区的经济总量不断提升，但是在经济活动中，为增加产出而造成的资源浪费与环境破坏是无法衡量的，东北地区经济的增长并没有带来可持续发展能力的提升。

（3）进一步分析产业趋同空间效应的变化特征，东北地区产业趋同的直接效应变动趋势平缓，长期为正向，间接效应有下降的趋势，到 2018 年变为负向。要辩证地看待产业趋同问题，在经济发展初期，地区产业结构出现产业趋同的趋势，这种模仿可能会在短期促进当地经济发展，但在发展到一定阶段后要根据自身实际情况转变发展方式，找到适合本地区的主导产业，不能完全照搬照抄其他地区。

基于以上结论，本文提出以下政策建议。

1. 实行东北地区城市的协同分工模式，制定合理的产业政策。各城市之间分工合作是解决东北地区产业趋同问题的关键。在东北地区整体发展的同时，建立明确的城市主体功能分工体系，各城市根据当地市场选择适合自己的主导产业，不能照搬照抄。此外，国家应该从东北地区战略全局上确定各城市产业结构调整方向和调整重点，制定合理的产业政策。同时，发挥不同地区的资源优势，打造特色产业。各地区应该根据当地的资源条件制定不同的产业政策，发挥地方优势、发展特色产业、找准差异化定位、拓展协同发展思路，借助优势产业的发展加快东北全面振兴的步伐。

2. 以"绿水青山就是金山银山"的思想引领东北地区发展，使资源环境利用与经济发展形成良好互动模式，确保东北地区如期完成国家碳中和与碳达峰的战略目标。从目前看，东北地区的经济增长并没有带来城市可持续发展水平的提升，只注重经济发展速度而忽视发展质量的模式是不可持续的。要想振兴东北经济，应该放弃原始的粗放型增长模式，提高资源利用效率，积极优化区域治理方式，注重城市的发展质量。

3. 积极制定推行人才吸引政策，抑制东北地区人才流失现象。当前东北地区的人口规模与可持续发展水平呈现正相关趋势。加大东北地区教育投入，提高地区人才吸引能力，积极促进第三产业发展，提升民营经济的比重，创造条件将当地劳动力转化为本地人力资本，以促进地区可持续发展。

参考文献

[1] 寇明风. 疫情对东北地区财政经济影响及对策——东北全面振兴财政智库联盟线上研讨会综述 [C]. 中国财政学会——财政与国家治理决策参考2020（上），2020：36-44.

[2] WANG S, SUN C Z, LI X, et al. Sustainable development in China's coastal area：based on the Driver - Pressure - State - Welfare - Response Framework and the Data Envelopment Analysis Model [J]. Sustainability 2016（8）：958-977.

[3] 李天星. 国内外可持续发展指标体系研究进展 [J]. 生态环境学报，2013（6）：1085-1092.

[4] 曹斌，林剑艺，崔胜辉. 可持续发展评价指标体系研究综述 [J]. 环

境科学与技术，2010，33（03）：99－105＋122．

[5] United Nation Conference on Sustainable Development. The future we want[R]. 2012.

[6] 张建清，张岚，王嵩，等．基于 DPSIR － DEA 模型的区域可持续发展效率测度及分析［J］．中国人口·资源与环境，2017，27（11）：1－9．

[7] 杨桐彬，朱英明．产业协同集聚对资源型城市可持续发展的影响［J］．北京理工大学学报（社会科学版），2021，23（04）：60－71．

[8] 秦炳涛，刘蕾，陶玉．我国资源型城市的可持续发展评价［J］．环境经济研究，2019，4（3）：142－158．

[9] 黄志烨，李桂君，李玉龙，等．基于 DPSIR 模型的北京市可持续发展评价［J］．城市发展研究，2016，23（09）：20－24．

[10] REES W E. Ecological footprints and appropriated carrying capacity：What urban economics leaves out. Environment and Urbanization，1992，4（2）：121－130．

[11] 袁蕾，叶裕民．基于 DEA 的北京新城发展评价及与上海的比较［J］．城市发展研究．2014（04）．

[12] Night－time Imagery as a Tool for Global Mapping of Socioeconomic Parameters and Greenhouse Gas Emissions. ChristopherN H Doll，Jan－Peter Muller，Christopher D Elvidge. AMBIO：A Journal of the Human Environment．2000．

[13] 苏泳娴，陈修治，叶玉瑶，等．基于夜间灯光数据的中国能源消费碳排放特征及机理［J］．地理学报，2013，68（11）：1513－1526．

[14] 曹丽琴，李平湘，张良培．基于 DMSP/OLS 夜间灯光数据的城市人口估算——以湖北省各县市为例［J］．遥感信息，2009（01）：83－87．

[15] UN Habitat. State of the World's Cities：Harmonious Cities［M］．London：Earthscan．2010．

[16] 任毅,东童童,邓世成.产业结构趋同的动态演变、合意性与趋势预测——基于浦东新区与滨海新区的比较分析[J].财经科学,2018（12）：116-129.

[17] Amiti M. New trade theories and industrial location in the EU：：a survey of evidence [J]. Oxford Review of Economic Policy, 1998, 14 (2)：45-53.

[18] Naughton B. How much can regional integration do to unify China's market? In Nicholas Hope, Dennis Y and Mu Yang Li (eds.) . How Far across the River? Chinese Policy format the Millennium. Stanford, CA：Stanford Unversity Press, 2003：204-232.

[19] Poncet S. Measuring Chinese domestic and international integration [J]. China Economic Review, 2003, 14：1-21.

[20] 李壮壮,李美桂.基于投入产出模型的产业结构相似性研究[J].统计与决策,2017（08）：138-142.

[21] 樊福卓.一种改进的产业结构相似度测度方法[J].数量经济技术经济研究,2013,30（07）：98-115.

[22] 陈燕,林仲豪.粤港澳大湾区城市间产业协同的灰色关联分析与协调机制创新[J].广东财经大学学报,2018,33（04）：89-97.

[23] 周黎安.晋升博弈中政府官员的激励与合作——兼论我国地方保护主义和重复建设问题长期存在的原因[J].经济研究,2004（06）：33-40.

[24] 芮明杰.产业经济学[M].上海：上海财经大学出版社,2005.

[25] 陈耀.产业结构趋同的度量及合意与非合意性[J].中国工业经济.1998（04）.

[26] 李艳春.我国的产业同构问题浅析[J].经济理论研究,2006,（09）：120-122.

[27] 周涛,刘继生.基于区位熵方法的加工产业集聚度分析——以东北三省为例[J].工业技术经济,2013,32（05）：78-83.

[28] 文丰安. 生产性服务业集聚、空间溢出与质量型经济增长：基于中国 285 个城市的实证研究 [J]. 产业经济研究, 2018 (6): 36-49.

[29] 王银洁. 人口问题在可持续发展战略中的影响和作用 [J]. 人口与经济, 2010 (S1): 29-30.

[30] 邓翔, 张卫. 大城市加重地区环境污染了吗? [J]. 北京理工大学学报 (社会科学版), 2018, 20 (1): 36-44.

[31] 伍戈. 道路交通项目对城市可持续发展的影响 [J]. 基建优化, 2000 (01): 6-7.

第四篇
案例研究

　　我国积极推进生态文明建设，生态环境部2017年评选了第一批国家生态文明建设示范市县，截至2022年已经评选了第六批国家生态文明建设示范区。我国也积极推进双碳目标示范城市建设和资源型城市生态修复。课题组基于生态环境部相关案例、国家其他部门评选的典型案例以及结合课题组在研究过程发现的较为典型的案例等内容进行摘编，编撰形成了生态文明示范县典型案例5篇、"双碳"目标示范城市典型案例4篇和资源型城市生态修复典型案例4篇。

第七章

生态文明示范县典型案例

一、全域增绿实现海岛生态旅游模式：浙江省舟山市普陀区

浙江省舟山市普陀区岛屿众多，海域面积6000多平方千米，海岸线总长800多千米。海洋岛屿是当地最鲜明的特色，也是当地最大的发展优势。普陀区坚持"绿水青山就是金山银山"的发展理念，从打赢污染防治攻坚战入手，积极改善生态环境质量，赢得蓝天碧水净土。积极推进制造业绿色转型升级，依托丰富的渔业资源打造生态渔业产品，充分利用地理位置、丰富的海洋资源和优美的生态环境，创新管理模式，推进全域景区化建设，打造景点、景线、景岛、景域相结合的海岛全域生态旅游模式，推进人与自然和谐相处，把全区建设成人人艳羡的海上花园会客厅[1]。

一是积极推进海岛公园建设，加快推进全域景区化建设。舟山市普陀区印发实施《景区城、景区镇创建实施方案》和《A级景区村庄创建行动计划（2020—2022年）》。普陀区将各具特色的旅游资源统筹规划建设，如"沙雕故乡"朱家尖、"东方渔都"沈家门以及"金庸笔下"桃花岛等，展现了特色沙雕、滨海风情、桃花岛等自然景观和人文景色相融合的底

---

[1] 普陀区生态环境分局. 舟山市普陀区省级和国家生态文明建设示范区2020年度工作报告[EB/OL]. http://www.putuo.gov.cn/art/2021/2/3/art_1423532_58927859.html.

蕴，积极打造景区镇、景区村庄，推动建设美丽人居环境。开展海洋生态环境修复和保护，加强海域和海岸线环境治理，蓝色海湾整治行动圆满收官，树立了海洋生态补偿机制的浙江实践成果。实施全区增绿计划，增加国土绿化面积和道路两侧绿化面积，提升城市公园、森林绿化水平，着力打造中央山体公园、江湾滨海公园，积极提升成为国家森林城市、国家园林城市。打造美丽滨海景观夜景带，基本实现全区主干道和重要景观亮化改造。

二是大力推进生态渔业发展。普陀区地理位置优越，海域辽阔，拥有丰富的海洋生物资源，其中鱼类、蟹虾类种类繁多，品质优良，味道鲜美。根据舟山市普陀区2021年国民经济和社会发展统计公报，普陀区全年实现地区生产总值444.83亿元，其中渔业总产值132.74亿元。渔业是普陀区的重要产业，渔业收入是普陀区的重要收入。普陀区扎实推进国家绿色渔业实验基地建设，远洋渔业产量占全省的55%、占全国的近20%；鱿鱼产量占全国的10%，金枪鱼交易量和加工量分别占全国的20%和50%，渔业大区地位不断巩固。建设三疣梭子蟹智能养殖中心，增强"两鱼一蟹"市场竞争力和贡献度。白沙岛海洋牧场入围第五批国家级海洋牧场示范区，桃花国家级海洋牧场成功获批。

三是积极推进制造业绿色转型升级。普陀区具有得天独厚的深水良港和优越的海岸线码头优势。普陀区拥有船舶修造和水产加工为代表的工业产业集群，是全国重要的船舶修造基地。淘汰落后产能，增加科技研发投入，做大脱硫塔安装、压载水系统改造业务，推动穿梭油轮等高附加值船型研发制造，自主研发船舶工业绿色修船先进技术和关键装备，减少环境污染，打造船舶行业领先水平。在鱼粉行业，引入制药行业低压浓缩技术，研发酶解鱼溶浆产品，实现鱼粉行业生产技术变革。创建省级水产品精深加工产业创新服务综合体，海洋肽产业从无到有并实现快速发展，水产品精深加工率达53%以上。

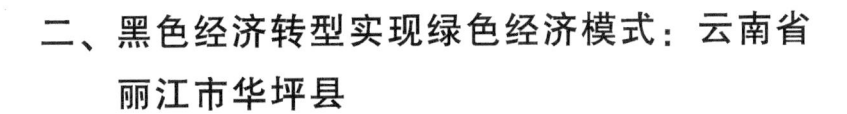

二、黑色经济转型实现绿色经济模式：云南省丽江市华坪县

华坪县位于云南省西北部的金沙江中段北岸，是滇西入川的重要交通枢纽，境内地势西北高、东南低，平均海拔1160米，属于典型的南亚热带低热河谷气候，矿产资源丰富。华坪县曾经是全国100个重点产煤县之一，过去严重依赖煤炭资源发展经济，对生态环境造成巨大破坏，石漠化现象严重。现在，丽江市华坪县坚持"绿水青山就是金山银山"的发展理念，破解资源型经济发展困局，因地制宜，发展多元特色生态产业，将生态优势转化为经济优势，其中杧果种植面积居于云南省第一，经济效益显著，实现了从黑色煤炭经济到绿色生态产业经济的转变。积极推进封山育林、人工造林等项目，提高森林覆盖率，提升了空气质量；积极推进石漠化和水土流失治理，提高长江上游水质，筑牢长江上游生态安全屏障，实现了天更蓝、水更清、山更绿的目标，走出了一条社会经济发展和生态环境保护并行的道路[1]。华坪县荣获了第四批"绿水青山就是金山银山"实践创新基地的称号。

一是推动黑色经济绿色转型。华坪县主动化解煤炭过剩产能，关停不合规的煤矿企业，推进煤炭产业转型升级，推动清洁载能产业发展，合理优化华坪县能源结构。2017年以来，华坪县又关闭煤矿21个，允许保留煤矿13个、年产能390万吨，成为云南省煤炭产业高质量发展补充县。通过积极争取专项债券、市场化融资与社会资本合作等方式，筹集1.76亿元完成园区一、二期标准化厂房，污水处理厂，110千伏输变电站等基础设施建设。主动引进单晶硅棒、石墨、石英坩埚、钝化镁等清洁载能产业项目，2017年以来累计实现产值200.6亿元，增加就业人数6000人以上，

---

[1] 华坪县人民政府. 华坪县2022年政府工作报告 [EB/OL]. http://www.huaping.gov.cn//xljhpx/c101702/202202/54353f3df2e1468081c682e5e58c7d43.shtml.

缴纳税收 1.6 亿元。华坪县荣获"云南省水电硅材加工一体化产业示范基地",整个工业园区荣获全国第一批增量配电业务改革试点、云南省第一批"新型工业化产业示范基地"称号,是丽江市唯一保留的省级工业园区。华坪县主动推动黑色能源向绿色能源转型,推动产业发展实现了绿色转型。

二是提升绿色生态产业化。推动生态产业高质量发展转型,华坪县探索形成以杧果为主的生态产业,同时积极发展花椒、核桃、茶叶、柑橘、柿子等特色生态产业,形成多元化绿色生态产业布局。创建了基左社区等21 个"绿色食品牌"产业基地,形成了绿色生态产业品牌化、特色化。2021 年,华坪县杧果种植面积达到 42 万亩,年销售收入达到 24.6 亿元。积极提升农产品保鲜储存运输能力,拓展杧果产业链,增加附加值,通过差异化的品牌和服务塑造产业品牌,提升商品定价。华坪县争取到了杧果一二三产业融合发展示范园、金沙江百里杧果长廊项目开工建设。华坪杧果先后获评全国名优果品区域公用品牌和中国农业品牌目录农产品区域公用品牌。在杧果等绿色生态产业发展中,华坪县不仅修复了曾经被采煤业破坏得遍体鳞伤的生态环境,提升了环境质量水平,还增加了群众收入,实现了经济发展和生态环境保护的良性循环。

三是筑牢长江上游生态安全屏障。华坪县严格实施长江"十年禁渔"、河(湖)长制,提升长江上游水质,保护好长江上游生态多样性,落实保护金沙江(华坪段)责任。积极修复历史遗留矿山,治理煤矸石堆场,改善区域生态环境,提升土地利用率,让更多绿意重回大地。划定生态保护红线,增加绿地面积,持续开展水土流失治理、石漠化综合治理和历史遗留矿山修复。从 2017 年至 2021 年,华坪县治理水土流失 19.8 万亩,石漠化综合治理 17.8 万亩,封山育林 16.2 万亩,森林抚育 7.2 万亩,森林覆盖率达到 75.48%,水质达标率、空气质量达标率达到 100%。华坪县紧紧筑牢绿色生态安全屏障,推进生态文明治理。

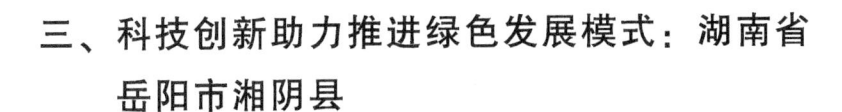

三、科技创新助力推进绿色发展模式：湖南省岳阳市湘阴县

湘阴县位于南洞庭湖，居湘资两水尾闾，河湖交错。湘阴县土地总面积1541.45平方千米，水域总面积3.85万多公顷，内陆滩涂2.49万公顷，是湖南省水利大县。漕溪港、虞公港是全省地理条件优越的深水码头。湘阴县坚持"绿水青山就是金山银山"，持续打好蓝天、碧水、净土保卫战，实施洋沙湖、东湖、横岭湖等自然保护地生态修复工程，高品质发展绿色特色农渔业产品，打造三大绿色核心产业链，着力实现高质量发展①。

一是多措并举提升环境质量。湘阴县坚持生态立县，持续推进蓝天、碧水、净土保卫战，坚持改善人居环境，持续推行巩固"十大清湖行动"，大力提升洞庭湖和湘江水质，实施重点水域禁捕退捕，治理漕溪港等20多处黑臭水体成为生态景观。投入县级环保资金15亿多元，解决了非法矮围网围、湿地欧美黑杨、畜禽养殖污染、沿河沙场码头、黏土砖瓦窑厂等一批突出环保问题。加强自然保护地生态修复，持续开展国土造林多绿行动，增加国土绿化面积。湘阴县采取多种举措，保护好绿水青山，夯实生态环境基础，持续推进生态文明建设，推动人与自然和谐相处。

二是科技推动绿色农渔业品牌。湘阴县坚持绿水青山就是金山银山，高品质发展绿色特色农渔业产品，推进农渔业标准化、规模化、品质化种植和养殖，推动绿色有机产品高效发展，获评多个"两品一标"（即绿色食品、有机农产品和农产品地理标志）农产品。从2016年到2020年，年发展高档优质稻30.8万亩、蔬菜种植23.4万亩、特色水产养殖4.7万亩。樟树镇、鹤龙湖镇、杨林寨乡跻身省市级特色农业小镇、全国"一村一品"示范乡镇，湘阴县获评"中国好粮油行动"示范县、全省实施乡村振

---

① 湘阴县人民政府．湘阴县2021年度政府工作报告［EB/OL］．www.xiangyin.gov.cn/31185/37927/content_ 1868435.html．

兴战略先进县，通过科技创新，助推绿色品牌发展。

三是科技创新打造绿色工业发展。湘阴县靠近长沙，县域辽阔，成功融入湘江新区新片区，全域实现与长株潭都市圈"三市一县"统一规划之中。坚持强园兴工，全力推动建设湖南省先进装备制造（新能源）特色产业园、天鹅山大学科创城、虞公港及港产联动区，提高制造业绿色科技含量，全力推动绿色装备制造、绿色建筑建材、绿色食品加工三大主导产业，主攻新能源、钢结构装配式建筑、渔制品三条产业链，可孚医疗、昊志机电、远大可建、远大新材料、大科激光、金为新材、地生智能、铂固科技、长康食品等10家龙头型先进制造业企业，积极打造产业集群，提升工业企业质量和数量。科技创新打造了县级样本。高新技术企业达54家，建立市级以上科技创新平台20个，发明专利申请量、授权量、万人拥有量居全市前列，湘阴县获评国家首批创新型县、国家钢结构装配式住宅试点县、全国知识产权建设强县、湖南省科技成果转移转化示范县。

四、变绿色青山为金山银山的生态经济模式：四川省雅安市天全县

天全县位于四川盆地西部边缘，地处二郎山东麓、青衣江上游、邛崃山脉南段、康巴文化线东端。天全县拥有良好的生态资源，如森林资源、动物资源、水力资源，是国家重点生态功能区、大熊猫国家公园重要组成部分。天全县历史悠久，古有"西南锁钥、南诏咽喉"之称，是长江中上游重要的天然生态屏障，被誉为四川西南民族走廊、生态走廊。天全县深入贯彻习近平生态文明思想，牢牢守住长江生态屏障，坚持"绿水青山就是金山银山"的理念，夯实绿色生态系统厚度，呵护好蓝天碧水青山，推进人与自然和谐相处。发展冷水鱼产业；发展具有天全特色的绿色农渔产品体系，打造天全有机产品名誉；深挖当地资源禀赋，推动红色旅游、休闲康养旅游，走出一条"绿水青山有颜值、金山银山有价值"的经济生态

道路①。

一是夯实天全生态系统厚度。推进蓝天、碧水、净土保卫战，生态环境状况指数持续为优。天全县空气质量优良天数达347天，达到95%以上，县城及乡镇集中式饮用水水源地水质达标率、天全河出境断面水质达标率始终保持100%。严格落实河（湖）长制，长江十年禁渔，保护长江水域生态多样性。构建大熊猫国家公园为主的保护地系统，各类保护地面积占全县的73.6%；修复长江上游森林生态系统项目，推进国家储备林基地，森林覆盖率达74.1%。天全县有大熊猫、珙桐等珍贵动植物，推进人与自然和谐相处。

二是构建特色农业体系。天全县坚持好水养好鱼，天全冷水鱼现代农业产业园冷水鱼养殖面积达1000亩，冷水鱼现代园区成为省级三星级现代农业园区。渔业深加工发展也有成果，鱼子酱产量位于四川省第一、全国第二，远销全球，市场份额在10%左右。积极发展其他特色农产品，种植笋用竹、羊肚菌、高山有机茶等特色农产品共27余万亩。其中，天全现代竹产业园荣获第二批省级现代竹产业园区，竹笋产品在全国热销。加快现代物流建设，川藏物流（旅游）产业园顺利开园，有利于高效储存、运输农产品，为产品"走出去"、打响农业特色品牌提供了便利条件。

三是推动旅游业蓬勃发展。天全县拥有老一辈革命家留下的红色文化，创建红军村3A级景区，推动发展红色旅游。充分挖掘当地绿色生态优势，将绿水青山转变为金山银山，建立二郎山省级旅游度假村，推动建设喇叭河5A级景区，努力成为人们休闲度假的好去处，推动康养产业大踏步发展，投入使用医养中心等项目，让更多人体验到天全养生的魅力。打造与大熊猫深度体验的大熊猫国家公园生态体验示范区，全国首座熊猫主题文化服务区在天全县惊艳亮相。

---

① 天全县人民政府. 2022年天全县人民政府工作报告［EB/OL］. http://www.tqx.gov.cn/gongkai/show/8da48d5502e9de8f99e9269159856966.html.

五、产业生态化和生态产业化协同发展模式：福建省宁德市周宁县

周宁县地理位置优越，西边是武夷山，东边是三都澳、白云山和太姥山，西南边是白水洋，生态气候优越。周宁县平均海拔达800米，空气质量达到一级标准，被称为云端生态之城，素有"天然空调城""天然氧吧"的美名。近年来，周宁县牢记习近平总书记嘱托，深入贯彻习近平生态文明思想，践行"森林是水库、钱库、粮库"的绿色发展理念，坚持绿色发展、生态优先，探索出一条生态美、产业兴、百姓富的发展道路。

一是筑牢生态环境优势。周宁县绿色家底厚实，推行林长制，持续进行国土绿化、水土流失治理等项目。2017年到2021年，治理水土流失4.5万亩，森林抚育9.4万亩，植树造林2.6万亩，森林覆盖率达72.96%，获称"福建省森林县城""福建省森林县程""福建省园林县城"[1]。基于丰富的森林资源，周宁县探索生态产品价值实现，将森林碳汇项目在碳市场交易，获得绿色收入，将"绿水青山"变为"金山银山"，创建林业碳汇试点新成果。推行河（湖）长制，将河流水质治理责任落实到位，54条河流水质综合合格率达到100%。周宁县夯实了生态底色，蓝天、碧水、净土治理获得了显著成效。

二是坚持生态产业化、产业生态化。基于森林覆盖72.96%的优势，积极发展林下经济，培育黄振芳式企业、合作社以及家庭农场，依靠紫竹等林下产业经济带领农民、企业增收致富，福建省首个"林业生态文明实践基地"落户黄振芳家庭林场。周宁县内海拔落差大、土壤多为红壤、黄壤，具有高山小气候，积极发展多层次、鲜明特色的农产品产业，如低海拔的水果，高山云雾茶、高山马铃薯、高山冷凉花卉、高山优质蔬菜等高

---

[1] 周宁县人民政府. 周宁县2021年政府工作报告 [EB/OL]. http://www.zhouning.gov.cn/zwgk/ghjh/zfgzbg/202201/t20220105_1577336.htm.

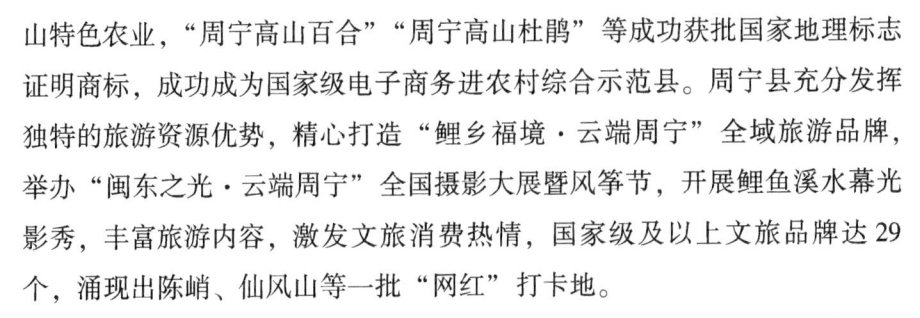

山特色农业,"周宁高山百合""周宁高山杜鹃"等成功获批国家地理标志证明商标,成功成为国家级电子商务进农村综合示范县。周宁县充分发挥独特的旅游资源优势,精心打造"鲤乡福境·云端周宁"全域旅游品牌,举办"闽东之光·云端周宁"全国摄影大展暨风筝节,开展鲤鱼溪水幕光影秀,丰富旅游内容,激发文旅消费热情,国家级及以上文旅品牌达29个,涌现出陈峭、仙风山等一批"网红"打卡地。

三是推动工业绿色化。淘汰严重污染生态环境的落后产能,推动工业园区建设,实现多家传统铸造企业"退城入园",推动工业规范化发展,发挥经济集聚效应。积极引进不锈钢(新型材料)深加工产业园,完成了"当年引进、当年谈判签约、当年要素保障到位、当年动工建设"四个当年目标,展现了"宁德速度"的风采。建设抽水蓄能电站2台机组并网发电,全面投产,每年减少电网燃煤消耗量约46万吨、减少二氧化碳约92万吨,推动发展绿色能源、清洁能源,积极发展绿色经济,推动绿色消费。

六、案例总结

为了深入践行习近平生态文明思想,贯彻落实党中央、国务院关于加快推进生态文明建设有关决策部署,生态环境部在2016年印发《国家生态文明建设示范县、市指标(施行)》,又在实践探索的基础上,在2019年印发《国家生态文明建设示范市县建设指标》(下称《指标》)。《指标》从生态制度、生态安全、生态空间、生态经济、生态生活、生态文化六大方面,规定具体的指标建设,推动市县走生产发展、生活富裕、生态良好的生态文明发展道路。目前,已经命名了多批国家生态文明建设示范市县(区)的公告,充分发挥引领示范作用,引导各地基于自身资源禀赋积极探索生态优先、绿色发展的高质量发展新路子。

浙江省舟山市普陀区、云南省丽江市华坪县、湖南省岳阳市湘阴县、四川省雅安市天全县、福建省宁德市周宁县拥有不同的资源禀赋、区位条件和发展定位,它们为全国生态文明建设提供了有借鉴意义的参考样本。

第一,充分发挥政府职能的作用。政府在建设生态文明示范市县中应发挥主导作用,引领整个城市生态文明发展方向。其具体作用,一是制订生态文明整体建设规划,把握整体建设方向和框架,对生态文明建设重大目标任务进行分部门、分领域具体部署;二是在生态文明建设过程中,制定实施相关措施和政策,淘汰落后产能,实施污染防治攻坚战,打赢蓝天、碧水、净土保卫战,积极实行生态产业化、绿色产业发展,推动人居质量改善等政策;三是完善生态文明建设工作在党政实绩考核的占比,充分发挥激励引导作用,推动生态文明建设落地。

第二,找准县域发展定位。不同县域具有不同的资源禀赋和区位条件,不同县域会遵循不同的生态文明发展道路。各市县深入贯彻习近平生态文明思想理论,将"绿水青山就是金山银山"理念转换为实践行动,转变资源消耗型发展模式,推动产业绿色转型,实行生态修复,探索生态产品价值实现机制等。比如,浙江省舟山市普陀区探索景点、景线、景岛、景域相结合的全域旅游发展新格局;云南省丽江市华坪县摆脱"一煤独大"的资源消耗型发展模式,形成以晚熟芒果为代表的生态产业,从"黑色经济"走向"绿色经济";福建省宁德市周宁县依托丰富的森林资源发展森林碳汇项目和林下经济等。

第三,打造产业品牌价值。不同地区具有不同的温度气候和海拔高度,打造各地具有鲜明特色的生态产品,提升生态产品的价值含量,积极认证国家级别的高标准,发挥生态产品的品牌溢价作用。同时充分利用科学技术,延伸产业价值链,提高产品附加值。依托各地各具特色的自然风光、人文景色和历史文化遗产,进行旅游区域的整体规划和特色性设计,运用专业化运营团队,打造具有当地特色的旅游景点和生态旅游模式,如教育文化旅游模式、康养休闲与旅游融合发展模式,提升各地旅游产业收入,探索"绿水青山"到"金山银山"的实现机制。

第四,发挥科技创新的作用。科学技术是第一生产力,科技创新在各地生态文明建设中发挥重要作用。科学技术不仅包括制造业、新能源等方面的技术，还包括生态农业技术、垃圾回收再利用技术等众多的专门技术。要发挥科技创新的引领作用，实现产业结构升级和制造业绿色转型，节能减排，降低单位 GDP 耗能量和污染物排放量。水污染控制技术研发与治理，建立了流域水污染治理、水环境管理和饮用水安全保障三大技术体系。石漠化综合治理及水土保持生态修复等生态工程技术，改善了生态环境，维持了生物多样性。

第八章

"双碳"目标示范城市典型案例

一、碳排放端：大同市开发利用氢能源

山西省大同市支柱行业多为传统的高碳行业。在能源转型的大背景下，"煤都"大同率先发力，加快能源和产业更替。氢能，便是大同看好的新能源产业。煤本身可以分解制作氢气。大同市人民政府官网数据显示[1]，大同市内探明煤炭储量为312亿吨，具备低成本煤制氢的天然优势。氢能被认为是推动传统化石能源清洁高效利用和支撑可再生能源大规模发展的理想互联媒介，也是实现交通运输、工业和建筑等领域大规模深度脱碳的最佳选择，将会逐渐成为全球能源技术革命的重要方向。大同从传统的煤炭能源基地到绿色的、可再生清洁能源的发展，全力推动城市良性、可持续发展，将煤都转变为氢都。

一是大同市发挥当地资源优势。山西焦炭产量位居全国第一，煤化工产业体量巨大。这为山西发展氢能提供了巨大的优势。此外，大同市氢能来源多样，既有大量的煤炭资源，可以通过煤转化大规模制氢，同时又有大量的光电、风电等可供电解水制氢的存量资源，多元化的制氢模式在不同的发展阶段、不同区域优势互补，为大同市氢能的发展提供了可靠的氢源保障。

大同市制订电解水制氢的具体方案。大同市充分利用其风能和太阳能

---

[1] http：//www.dt.gov.cn/dtzww/zcjdsjzcjd/202011/0b13fe1e3b7d4108a81555dbf16feb24.shtml.

等可再生能源,打造可再生能源电解水制氢的产业集群。前期,主要以大同市为试点城市进行电解制氢与氢气纯化技术的产业化实践,预计到2023年制氢规模达到1.25万吨/年以上。可再生能源制氢的技术、产业化体系和政策体系初步形成。中期,集群区可再生能源水电解制氢产业规模继续增大,预计到2025年,制氢规模达到10万吨/年,能够基本满足大同地区氢能产业发展的需求,可再生能源制氢技术体系、运输网络、产业体系和政策体系基本完善。后期,可再生能源水电解制氢的产业化规模迅速增大,预计到2030年可再生能源制氢规模达到25万吨/年以上,占大同市总产氢量规模的25%以上。

二是大同市布局全产业链氢能。大同发展氢能产业基础好、起步早,围绕氢能产业实施路径与场景应用等方面,聚焦氢能制作、储备、运输和使用全产业链。在研发方面,大同市汇集了新研氢能、雄韬氢雄等具备氢能技术优势的大型企业,加大研发投入;在氢能产业技术研究及科研成果转化方面,创建了大同市能源改革科技创新产业园,围绕风、光、地热等链条,布局新能源产业链。大同市坚持依托综合投资实力强的龙头企业,打造涵盖氢燃料电池、氢燃料发动机制造的全产业链。在储能产业方面,加快清洁能源供给,提升可再生能源在区域能源供应中的比重,构建涵盖新型储能技术应用、储能产品制造的储能全产业链。

大同市过去虽为煤炭大城,但在新能源转型的过程中,逐步从"煤都"转为"氢都"。大同制氢给各地发展氢能树立了好的榜样,其发展经验值得其他同类型城市借鉴。[①]

二、碳排放端:北京市建立碳排放权交易市场

北京绿色交易所是国家先行先试的首批碳排放权交易试点市场。2020年,北京万元GDP二氧化碳排放量仅为0.41吨。北京碳市场积极探索,

---

① https://baijiahao.baidu.com/s?id=1692819032402116036&wfr=spider&for=pc.

逐步建设有区域特色、多层次的碳排放权交易试点市场,目前已有发电、石化、水泥及服务业等8大行业、800多家重点碳排放单位纳入碳市场管理,在全国7个试点碳市场中碳价最高。2021年碳配额线上成交均价每吨72.86元,最高突破每吨107元。截至2021年底,北京碳市场配额累计成交额超过21.1亿元。①

北京市为鼓励公众积极践行绿色低碳出行,基于碳市场框架搭建了碳普惠体系。市民可以在北京绿色交易所的碳排放权电子交易平台等项目平台注册,以绿色出行方式获得相应的碳减排量,对其审核通过的碳减排量,可在碳市场上出售获得项目组织单位分发的奖励,用于公益活动或兑换成优惠券等。

一是北京碳市场交易碳价合理。北京碳市场运行以来,碳排放配额年度成交均价始终在50~70元/吨,整体呈逐年上升趋势。与其他国内区域碳市场相比,北京碳市场的碳价较高、趋势性波动较小,这有利于激励企业重视节能减排工作,形成稳定的减排预期。一方面,北京碳市场相关法规执行严格;另一方面,北京较早实施北京碳市场交易价格预警,若交易超过一定的价格区间,将触发拍卖等公开市场操作程序。

二是北京交易主体多元化。在交易主体方面,北京碳市场重点将高碳排放、高污染企业纳入管控。但2016年起,北京市重点排放单位的覆盖范围调整为本市行政区域内固定设施和移动设施年二氧化碳直接与间接排放总量5000吨(含)以上,且在中国境内注册的企业、事业单位、国家机关及其他单位,覆盖的重点控排单位数量从初期的400余家增加至900余家。2020年起,进一步将民用航空运输业航空器的碳排放纳入北京市碳排放权交易报告范围,为持续扩大重点排放单位范围打牢数据基础。②

此外,交易参与人可根据自身状况选择线上或线下交易,交易方式相对较为灵活,且因相关企业对新建碳排放交易机制等不熟悉,北京市政府

---

① https://baijiahao.baidu.com/s?id=1724919403969051240&wfr=spider&for=pc.
② https://baijiahao.baidu.com/s?id=1692644213777649988&wfr=spider&for=pc.

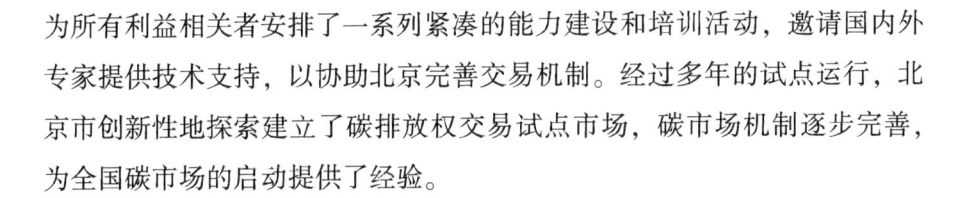

为所有利益相关者安排了一系列紧凑的能力建设和培训活动，邀请国内外专家提供技术支持，以协助北京完善交易机制。经过多年的试点运行，北京市创新性地探索建立了碳排放权交易试点市场，碳市场机制逐步完善，为全国碳市场的启动提供了经验。

三、碳吸收端：广州市探索建立林业碳汇市场

森林作为陆地生态系统主体，其强大的碳汇功能和作用，成为实现"双碳"目标的重要路径，也是目前最为经济、安全、有效的固碳增汇手段之一。作为全国荒山造林绿化第一省，广东省积极增加森林碳汇。《广东省林业保护发展"十四五"规划》数据显示，截至2020年，广东省完成碳汇造林37.87万公顷，林地面积达1057.12万公顷，森林覆盖率达到58.66%。森林城市建设成绩斐然，广州在内的11市均荣获"国家森林城市"称号。发展林业碳汇是广州市实现碳中和目标的重要一环，广州市在森林碳汇、生态景观林带等重点生态工程建设方面取得较大成效，市内森林质量不断提升，森林碳汇持续增加。

一是政府加大制度保障。2017年7月，广州碳排放权交易所出台了《广东省碳普惠制核证减排量交易规则》，对交易的标的和规格、交易方式和时间、交易价格涨跌幅度和资金监管、交易纠纷处理等进行了明确规定，为后续碳普惠奠定制度基础，同步建成了广州碳排放权交易所碳普惠制核证减排量竞价交易系统，为广州市林业碳普惠项目实践奠定了基础。

二是优先生态保护且提升生态产品供给能力。广州市停止了商业性林木砍伐，为保护和恢复梯面林场及周边区域的自然生态系统，林场实行了最严格的林地和林木资源管理制度，做好生态公益林和其他林地养护，积极开展防火带建设、防火设施添置、防火员技能培训等林地保护项目，着力提升森林抚育水平和生态产品质量。同时，积极推动广州市首个林业碳普惠项目，探索生态产品的经济价值实现路径。

三是建立以碳排放权交易市场为基础的碳汇交易机制。通过设定碳排

放配额来引导企业减少碳排放,若企业实际碳排放量超过所规定的配额,将面临处罚,企业需要通过购买碳排放权配额或者自愿减排核证减排量等方式抵消超限额的碳排放量,前者购买碳排放权配额一般需要企业通过绿色生产技术改造等方式获得,而后者自愿减排核证需要通过购买林业碳汇和可再生项目减排量等方式获得,因此,此种方式形成了以碳排放权交易市场为基础的碳汇交易机制。[1]

四是提高森林质量和碳汇能力。广州市积极推动增加森林面积、提高森林质量以及加强森林保护。广州碳排放权交易所将林业碳普惠减排量抵消机制融入林业碳汇的生态补偿机制,实现了碳排放权交易体系、碳普惠制、生态补偿机制的有效结合,在生态保护的同时释放了经济价值。截至2021年2月,全市碳排放权交易所林业碳普惠项目成交总量420.49万吨,总成交额8361.15万元,辐射带动周边地区开展"一市一平台"建设,形成了生态保护和价值实现的良性循环。

四、碳吸收端:深圳市开展碳捕集利用与封存工程

深圳市减排工作进展显著。2020年单位GDP能耗约为全国平均水平的1/3,单位GDP碳排放约为全国平均水平的1/5,达到国内较为领先的水平。深圳绿色低碳产业聚集能源、交通、建筑等行业,从清洁能源、智慧交通、智慧城市等方面入手,为探索城市双碳目标的实现作出了巨大努力。

深圳市持续深入开展碳捕集利用与封存CCUS试点示范工程,加速天然气基础设施建设,加速天然气管道整修工作,增加本地清洁能源电力供应,积极扩大"光伏+"多元化利用范围,推动分布式光伏应用规模大幅度提升。此外,深圳市还将大力推进风电项目建设,积极打造氢能应用示范城市。

---

[1] https://www.thepaper.cn/newsDetail_forward_10153969.

深圳市建设的华润海丰电厂CCUS测试平台项目全面竣工投入运行，该平台是亚洲首个碳捕集利用与封存测试平台，目前其已成功捕集高纯度二氧化碳10000多吨，减少了大量碳排放，降低了对环境的影响，对CCUS技术创新的贡献初具成效，已形成了具备国际前沿CCUS科研课题的方向，得到了广泛认可。CCUS的建立有助于解决大湾区城市面临的燃煤电厂碳排放困难的难题，助力大湾区早日实现碳达峰和碳中和。

此外，在智慧交通方面，深圳市加快推广新能源汽车。2017年，深圳率先在全球实现公交全面电动化，其绿色公交发展对双碳目标的实现起到至关重要的作用，深圳巴士集团的"绿色公交"模式向全球推广。此外，重点推动绿色交通发展，加快轨道、公交、慢行三网融合，基本建成以"轨道交通为骨架、常规公交为网络、出租车为补充、慢行交通为延伸"的多层次绿色公共交通体系。

五、案例总结

城市碳减排对于我国"双碳"目标的实现具有重要意义，碳排放不仅要在排放过程中控制，更要在排放源头控制，即在固碳端和碳吸收端，现有双碳示范城市在碳排放权交易市场、发展氢能、林业碳汇市场等方面积极部署，在碳减排方面取得了显著成效。

在碳排放端，城市的能源消费、工业碳排放以及城市交通与建筑仍然是碳排放的重要源头。在能源消费方面，发电侧要提高可再生能源比例，增加适合可再生能源的储能装置，用户侧可以考虑利用余热、余压等可再生能源的设施进行储能；在工业领域脱碳方面，要考虑城市区域间资源禀赋、协同发展，能耗强度上要提高设备效率，研发绿色技术，能源结构上要改善用能结构，助力工业领域脱碳；在建筑领域脱碳方面，要积极实现建材生产、使用等全生命周期阶段采取节能和资源回收利用的措施；在交通领域方面，城市要积极推动运输工具装备的低碳化转型、加速构建绿色高效交通体系，加快绿色交通基础设施建设。

在碳吸收端，积极开展碳金融创新，服务绿色金融和可持续金融中心建设，探索 CCER 中国温室气体自愿减排交易机制，探索与国际碳交易机制接轨。鼓励不承担强制性减排义务的企业，主动开发林业碳汇、甲烷回收利用以及太阳能、风能利用等温室气体减排项目。项目产生的减排量经核证后可作为碳减排产品进入市场交易，引导社会资本投向清洁能源等新领域、新技术，实现跨区域生态补偿。

此外，各个城市需要结合城市经济发展阶段、当地资源禀赋、产业结构等，科学合理地制定"双碳"目标，提前布局碳达峰和碳中和规划，加强落实指标目标的能力建设。

第九章

资源型城市生态修复典型案例

一、科技引领模式：河北省张家口市

张家口市下花园区近几年被国务院列为"国家第二批资源型城市"。下花园区积极发挥自身的积极性，贯彻新发展理念，全力推进下花园区的绿色高质量发展。2019年，下花园地区"资源枯竭"的改造工作取得显著进步。张家口市下花园区的生态环境修复主要以城市规划为主。

（一）下花园区不断壮大技术密集型产业

在产业发展方面，下花园区坚持绿色高质量发展理念。在淘汰当地高污染、高耗能企业的基础上，摒弃以牺牲生态环境为代价换取经济发展的思想和做法，充分考虑城市环境等方面的承载能力，把高新科技、新能源、新材料和高端制造等作为产业主攻方向，坚定走绿色的技术密集型产业发展之路。在招商引资上，引进华润、软银等一批国内外知名大企业集团落户；在平台建设方面，利用原煤矿废弃建设用地，将原来的下花园煤矿废弃建设用地规划建设了总面积为17.6平方千米的省级下花园经济开发区；在基础设施建设方面，下花园区投资1.2亿元对基础设施进行改造提升。

（二）下花园区全力布局智慧城市建设

下花园区以城市建设为中心，改善城市居住环境，吸引大量生产要素聚集，释放要素价值，确立了"山水花园·智慧城市"建设目标，引进了国投金融科技园、万科互联网产业园等一大批产城融合项目，打造高铁效应持续释放的"北环经济带"。继续实施地下雨污分离工程，启动厨房餐余垃圾无害化处理工程，建设5G基站，推进公园城市建设，加大生态修复。

（三）下花园区持续加大城市绿水青山建设

下花园区不断加强地质灾害治理和生态修复力度，对采煤沉陷区、工矿废弃地等实施生态修复，投入3.1亿元实施了矿山地质环境治理项目，治理面积7平方千米，恢复植被1860亩；采用注浆法填充地下采空区5万余立方米、治理面积近2000亩。下花园区以建成国家公园城市为目标，高标准推进国土绿化，提高建成区绿化覆盖率；在河道治理方面，下花园区持续巩固洋河、戴家营河治理成果，高标准完成了东河综合治理，推进洋河下花园段河道疏浚治理及生态修复工程，将其改为湿地公园等生态园区。同时，加强重点领域、重点行业污染物治理，稳步推进清洁能源替代工程，除热电厂外所有烟囱全部拆除，使当地大气环境大幅改善。

二、政府主导模式：陕西省大柳塔镇

大柳塔经过十几年的河水冲刷，右岸基本农田面积大幅减少，水土流失严重。近年来，陕西省榆林市神木市大柳塔镇通过清理河道、建设排污基础设施等措施大幅改善当地环境。

大柳塔镇全面清理河道。2017年以来，集中力量开展河道清理行动，对乌兰木伦河、活鸡兔沟、悖牛川、切概沟、考考赖沟河道垃圾、淤泥进行清理，累计清理河道18千米、固废及各类垃圾60余万吨，基本消灭了黑臭水体。2020年开展"春风行动"，对河道管理范围内乱占、乱采、乱堆、乱建"四乱"突出问题进行整治。依法打击河道内非法采挖沙砾石、春季河道旁种蔬菜等行为，清除黑煤场、石料厂、加工作坊、废品回收站等污染性活动，对非法开垦土地以及其他违建等"四乱"问题加大整治力度，河流面貌焕然一新。

大柳塔镇积极推进污水处理基础设施建设，对污水全流程进行治理，大柳塔镇污水处理厂位于陕西省神木市大柳塔镇东侧乌兰木伦河左岸，由大柳塔镇人民政府投资建设而成，其出泥含水率必须做到50%以下。2018年大柳塔镇投资5000万元建成双沟污水处理厂，占地面积2.6万平方米，污水处理能力8000吨/天。除此之外，大柳塔镇还设有双沟污水处理厂、大柳塔矿污水处理厂、石圪台污水处理厂3座大型污水处理厂以及4个小型的污水处理站，对于河流内部污水处理起到积极作用。对污水处理厂积极提升扩容、提升排放标准，整体处理能力有所提高。此外，考虑到陕北地区冬季气候寒冷，污水处理设施存在温度低导致不能正常运行等问题，污水处理厂积极改造基础设施，引入新能源，利用光伏发电给污水提温，确保污水处理厂在冬天也能正常运转。在其他季节，光伏将其发电汇入城市公共电网，在解决污水处理设施受冻无法正常运转的同时也对城市用电起到积极作用。

大柳塔镇积极整治水污染源头。取缔高耗能、高污染等落后产能企业，督促指导煤场全部建成雨水沉淀池。对于乌兰色太、何家塔两个工业集中区的生活污水，全部由企业污水处理厂按相应要求处理，达标后可排放。对于农业污染，从源头减少农场污染，在市场上推广施肥技术和机具，减少家禽养殖等污染，积极推进改水改厕工作，对每一个排污水口都进行记名管理，从水污染源头整治水环境，取得显著成效。[①]

三、产业转型模式：辽宁省阜新市

阜新是全国第一个资源枯竭型城市经济转型试点市，实施生态立市战略，统筹山水林田湖草沙系统治理，建设生态宜居美丽阜新，利用绿色低

---

① http://www.nkb.com.cn/2022/1031/428397.html.

碳绘就高质量的发展蓝图。

（一）延伸化工产业链条

化工产业是阜新的重要资源优势，逐步形成了以化工基础原料、化学品以及化工新材料等为重点的产品产业链。通过多年发展，阜新市在氟化工、煤化工等方面取得了优异成绩。氟化工产品主要包括基础氟化工、含氟聚合物和氟材料加工以及含氟的精细化学品等。煤化工主要以大唐煤制天然气项目为龙头，发展天然气精细产品加工等。阜新市依托自身在煤炭开采领域的已有技术，深部找矿，使年煤产量维持在1000万吨，为转型赢得了时间。与此同时，充分利用海州露天矿关闭破产企业的技术、装备和人才优势，对内蒙古白音华煤田进行了开发。在此基础上，阜新充分利用蒙东地区丰富的煤炭资源和自身的煤业基础，延伸煤炭产业链，发展煤化工产业。

（二）延伸农产品产业链条

阜新属大陆性季风气候，日照充足，有利于农作物生长，适宜发展农业。农业是土地密集型产业，对气候的要求高。阜新人均耕地5.6亩，是全国的4倍，人均耕地、平地、草地均居辽宁省第一。从国际来看，一些国家把现代农业作为主导产业，已成为非常富有的国家。荷兰大力提高农业劳动生产效率，在20世纪末农产品净出口超过美国位居世界第一，成为世界上经济最发达的国家之一。丹麦以现代农业立国，芬兰是世界现代林业强国。从国内来看，中央一直高度重视农业，又在2006年底把发展现代农业作为新农村建设的首要任务。阜新转型之初，将发展方向转向农业，形成了"公司+基地+农户"的产业模式。从2013年开始，阜新市深入推进农业供给侧结构性改革，强力推动200万亩现代农业示范带建设。2014年，阜新市开创性地吸纳103亿元社会资本注入现代农业，现代农业成为其转型的一大抓手。鲁花、中粮、伊利等龙头企业纷纷到阜新建厂，农产品加工在阜新产业结构中的比例节节攀升。不仅鲁花，阜新市通过

"保姆式"服务帮助龙头企业做大做优做强,以此带动、培育农产品加工企业发展,在全市逐步形成畜产品加工业产业链条、油料加工产业链条、果蔬深加工产业链条、粮食精深加工产业链条。截至2017年,沈阜200万亩现代农业示范带初步建成,示范带内76.3万农业人口人均增收8655元,逐步把生产能力转化为农产品加工能力,把产品变成商品,把资源优势变成产业优势。①

(三) 依托风能发展风电产业

阜新地处辽北丘陵地带,位于三北风带内有很丰富的风力资源,各类风能指标都在三级以上,大大高于全国平均水平,独特的地理优势十分有利于发展风电。转型以来,依托风能优势,风电项目发展迅速。近年来,阜新新能源产业快速发展,形成了风电、光伏发电等新能源产业。2018年,风电、光伏总装机容量达到236万千瓦,占全省总量的30%。

四、生态集约模式:江苏省徐州市

江苏省徐州市是华东地区重要的煤炭生产基地,煤炭的发展给徐州带来福利的同时也造成了一定的生态破坏,伴随着日益减少的资源优势,徐州拓展思路,积极转型,为高质量发展蓄能,其具体做法如下。

(一) 打造矿地融合发展示范区

一是打造矿地融合发展示范区。徐州市以治理采煤塌陷区为重点,综合运用绿色矿山开采技术、空间信息技术,推进新建和历史遗留矿区土地综合整治,率先探索煤炭开采、生态修复和城、矿、乡统筹三位一体的资源型城市发展新模式。制订实施了《煤盐化工产业发展规划》,将沛县设

---

① 《资源型地区转型发展案例》。

为传统产业转型升级实验区,强化示范引领。[①]

二是对矿区土地进行综合整治。徐州市政府自 2008 年启动生态环境整治以来,该市国土资源局就积极筹建实施省级重点工程——贾汪潘安湖采煤塌陷区综合整治项目,财政投资 1.71 亿元,以土地耕种、生态修复、景观旅游发展为重点,创立采煤塌陷地复垦、生态环境修复等模式,贾汪区运用地貌重塑技术和土壤重构技术,通过"挖低垫高、削高填低、扩湖筑岛"等具体措施,将潘安塌陷地建成了潘安湖湿地公园,促进了该地区生态健康可持续发展。

三是加强国际合作交流,学习国外的成功经验。徐州组织人才积极学习借鉴国外城乡统筹规划、生态环境修复、传统产业升级等领域的成功经验。与德国北威州签署了共建徐州生态示范区项目框架协议,在城北采煤塌陷地内合作开展修复工程,开发建设"采煤塌陷地生态修复治理示范区"。依托中德合作,以德国鲁尔园区转型为样本,打造"东方鲁尔"生态示范区,积极探索煤炭开采与生态修复和城乡统筹三位一体的发展模式,促进了沛县北部矿区矿产资源、土地资源与生态环境的协调发展。

(二) 大力发展节能循环经济

一是积极探索节能减排技术。徐州市拥有规模以上新能源企业 145 家,汇聚了中能硅业、协鑫硅材料等多家行业龙头制造业企业。组织实施节能示范工程,广泛推广水泥窑余热发电、焦炉高炉煤气回收利用、高压电机变频改造等一批节能项目。大力实施"节能产品惠民工程",累计推广国家财政补贴高效照明产品 129.7 万只、节能新产品 50 余种。目前正谋划建设低碳智能的金融集聚区、分布式智能电网等,为新能源的建设打下基础。

二是大力发展循环经济。徐州睢宁县餐厨垃圾资源化处理中心将餐厨

[①] https://mp.weixin.qq.com/s/jcR83hw_ kxiBD0vY8X6blA.

垃圾分解，产生的沼气可以发电，主城区实行生活垃圾分类新一轮市场化管理，对于百姓厨余垃圾将被运到第二生活垃圾焚烧发电厂"吃干榨尽"，不仅用于发电，还能提取出油脂制成生物柴油，其固体废渣也被制成生物菌剂，真正实现了废弃垃圾循环利用，并将成果由百姓共享。大力引入中水利用、二氧化碳回收、餐厨废弃物提炼生物柴油等一批新型综合利用企业，全面推行清洁生产，284家企业清洁生产审核通过验收，围绕煤炭、电力和大宗废弃物的利用，培育生态产业链。

五、案例总结

结合上述四个生态修复案例，总结资源枯竭型城市的主要修复方式有：科技引领模式、政府主导模式、产业转型模式、生态集约模式，并得出以下三点建议。

第一，完善政策顶层设计，高度重视政府的主导作用，使政府的调控和管理职能得到充分发挥。政府对于当地政策的目标导向作用显著，要想进行资源枯竭型城市的生态修复，需要确定好资源型城市的修复目标与具体措施手段，并对产业发展的全生命周期治理，不仅在源头上加以治理，更要在完善修复的过程中加大排污等处理措施。提高对于资源型城市的财政支持力度，优化产业结构，针对基础产业延长产业链，优化产业链布局。弱化资源型城市发展对化石能源的过度依赖，为资源型城市产业转型提供强有力的资金保障。加大低碳科技投入，提升企业研发和使用低碳技术的主动性，为人才引进、企业技术创新提供良好的政策环境。

第二，因地制宜促进资源型城市的绿色可持续发展，重视不同区域资源禀赋差异。充分利用该地区的资源禀赋优势，如山西利用煤炭发展氢能，提前布局氢能产业规划，形成较为完善的产业链，引领当地生产要素向绿色可持续方向发展。处于不同生命周期、不同发展阶段的资源型城市，其生态修复需采取差异化措施，合理开采，循环利用，避免对环境造成不可逆转的危害，陷入恶性循环。

第三，多方开拓渠道，筹集生态修复资金。目前，矿山环境治理、黑臭水体治理、土地资源保护、矿产资源开发、节能减排政策落实、城区绿化管护等都需要大量资金支持，以推动生态持续好转。可以加大财政转移支付力度，专项支持资源枯竭型城市生态修复，与此同时，应积极拓展融资渠道，充分发挥企业在生态修复与经济发展过程中的主体作用。

后记

2021年3月,《中华人民共和国国民经济和社会发展第十四个五年规划和2035年远景目标纲要》正式发布,其中第一篇中的2035年远景目标指出,"展望2035年,广泛形成绿色生产生活方式,碳排放达峰后稳中有降,生态环境根本好转,美丽中国建设目标基本实现"。争取2030年前碳达峰,2060年前碳中和的"双碳"目标,是我国积极应对气候变化的庄严承诺。当前,我国已经进入高质量发展阶段,要坚持"绿水青山就是金山银山"的理念,坚持保护生态环境,推行绿色低碳的生产方式,推动生态文明建设,推进"双碳"目标进程,实现人与自然和谐相处。

为此,本课题组从省域践行"双碳"目标、推进生态文明建设、城市可持续发展以及典型案例这几方面入手展开研究,为改善环境质量,促进人与自然和谐共生,推进生态文明建设,转变城市发展方式提供有效的政策建议。基于此,本课题组从2021年12月到2022年12月,历经整整一年的筹备,召开了40余次内部讨论会、3次统计专家讨论会和3次跨界专家集体讨论会,对《中国省域践行"双碳"目标与推进生态文明发展研究报告》稿件进行了反复讨论和修订,现在终于完成。

首先,十分感谢"我国生态文明建设协作模式机制研究"基金和国家社科基金项目"基于大数据分析的城市病分类识别与预警优化系统构建研究"(19BJL046)的支持,这为本课题组各项研究顺利开展奠定了坚实基础。其次,十分感谢支持和推动本报告顺利完成的领导和专家。本报告得到了国家生态环境部、国家统计局和北京师范大学多位领导和老师的指导与帮助。最后，十分感谢课题组的老师和同学的辛勤付出，他们为完成课题作出了积极贡献。北京师范大学经济与资源管理研究院王诺副教授和宋涛副教授对本课题组开展各项研究制订了整体的行动方案，组织协调各项研究的顺利开展。

在北京师范大学的支持下，我们有决心继续推进中国生态文明发展研究，为我国生态文明发展尽自己的绵薄之力！由于水平有限，不足之处在所难免，请批评指正！我们也会在未来的研究中继续努力，充分吸取各位专家的意见，努力为国家的高质量发展提供更高水平的研究成果！